예수 기도
THE JESUS PRAYER

아토스 성산(聖山)의 한 은둔 수도승과 나눈 대화

예수기도
THE JESUS PRAYER

초판 1쇄 발행	2010년 11월 15일
개정 1쇄 인쇄	2018년 6월 26일
개정 1쇄 발행	2018년 6월 26일
지 은 이	이에로테오스 대주교
옮 긴 이	박노양 그레고리오스
펴 낸 이	조성암 암브로시오스 대주교
펴 낸 곳	정교회출판사
출 판 등 록	제313-2010-5호
주 소	서울시 마포구 마포대로18길 43
전 화	02-364-7020
팩 스	02-6354-0092
홈 페 이 지	www.philokalia.co.kr
이 메 일	orthodoxeditions@gmail.com

ⓒ정교회출판사, 2010

ISBN 978-89-92941-17-4 03230

정가 10,000원

이 책에 실린 내용은 정교회출판사의 서면 동의없이 무단복제와 무단제재를 할 수 없습니다.

* 잘못된 책은 바꿔드립니다.

예수기도
THE JESUS PRAYER

주 예수 그리스도 하느님의 아들이시여,
죄인인 나를 불쌍히 여기소서.

아토스 성산(聖山)의 한 은둔 수도승과 나눈 대화

이에로테오스 대주교

정교회출판사

영적인 관상이 함께 하는 기도는 약속된 땅이다. 그것으로부터 참된 지식과 판단의 근본인 하느님 말씀에 대한 앎이 마치 젖과 꿀처럼 흘러넘친다.

고백자 성 막시모스

욕망과 불경스런 쾌락에의 열망이 불타오른다 해도, 육체가 달아올라 요동친다 해도, 모든 생각과 사탄의 사주가 우리를 유혹한다 해도, 우리는 믿음과 시편음송과 거룩한 독서와 겸손과 그 밖의 여러 영적 싸움들을 통해서, 그리고 이 모든 것들보다 우월하시고 인간의 친구요 하느님이며 우리의 구세주이신 예수 그리스도의 이름 부름을 통해서, 이 모든 것을 짓밟을 수 있다.

금욕가 성 닐로스

이집트와 파라오의 압제에서 벗어나 도망치길 열망하는 우리 모두는 하느님과 우리 사이를 중재해줄 모세와 같은 중재자를 절대적으로 필요로 한다. 활동과 관상 사이에 서서 그는 하느님을 향하여 두 손을 뻗을 것이다. 그의 지휘를 따라 전진함으로써 우리는 죄의 바다를 건너고, 정욕의 아말렉을 몰아낼 수 있게 될 것이다. 바로 이러한 이유로 자기 자신만을 신뢰할 뿐 자신들을 지도해줄 스승이 필요 없다고 생각하는 사람들은 망상에 빠져 있는 자들이다.

성 요한 클리막스

■ 차례

- 한국어판에 붙이는 머리말   8
- 추천사   12
- 제2판 서문   15
- 서문   21

수도승들의 침묵, 말씀, 삶   27

나의 다볼산 등정   39

나의 영적 아버지이신 은수도승을 만나다   46

기도에 관해 영적 아버지와 나눈 대화   54

    기도의 가치   57

    기도의 여러 단계   70

    기도의 방법들   80

    악마와의 투쟁 : 악마와 어떻게 싸울 것인가?   118

    은총이 임할 때와 떠날 때   138

    기도의 열매   151

    기도의 오류와 개선   187

    기도는 세상의 성직자와 신자들에게 절대 필요한 것   204

    다른 이들을 위한 기도   212

영적 아버지의 부탁   217
첫 번째 부탁   217
두 번째 부탁   218
세 번째 부탁   219
거룩한 산, 광야의 한 밤중   223
거룩한 성만찬 예배   231
다볼산에서 하산   239

- 저자 후기   242

아토스 성산에서의 수도생활   249

한국어판에 붙이는 머리말

주 예수 그리스도 하느님의 아들이시여, 이 죄인을 불쌍히 여기소서. 이 예수기도는 혼자 독백하듯이 되뇌는, 오랜 세월 동안 내려온 전통적인 기도로서 정교회의 영성에서 필수불가결한 요소입니다. 예수의 이름을 기억하는 것은 이 개인기도의 중심에 자리하고 있습니다. 예수의 이름은 육신을 취하신 하느님의 말씀이라는 사실 외에는 다른 어떤 것도 가리키고 있지 않습니다. 그분의 이름은 삶의 가운데 그리고 마음의 가운데에 계시며 호흡과 연결되어 있습니다.

예수기도의 효과는 다음의 4가지에서 나타납니다.

1) 단순하고 탄력이 있다 : 어떤 말을 해야 할지 고민할 필요가 없습니다. 그저 손을 들고 이렇게 말하면 됩니다. 주님은 뜻대로 하시고, 모든 일을 알고 계시는 분이시니, "주여, 나를 불쌍히 여기소서."라고, 그리고 영적 투쟁에 대해서는 "주여, 도와주세요!"라고 말하기만 하면 됩니다. 주님은 당신에게 무엇이 필요한지 알고 계시고, 당신에게 자비를 베풀어주실 것입니다.(에바그리

오의 원로 이집트의 마까리오스) 이 특별한 기도는 수다가 되어서는 안 되며 간결하고 본질적이어야 합니다.

2) 깊이가 있다 : 기도하는 사람은, 메시아이시고 영원 이전에 아버지로부터 나신 하느님의 외아들이심을 고백하며 주 예수를 부릅니다. 또한 회개를 통해 자신이 죄인임을 깨닫고 자신의 구원을 위해 하느님께 자비를 구합니다.

3) 이름의 능력 : 예수의 이름은 육신을 취하신 하느님의 이름이기 때문에 엄청난 힘이 감싸고 있습니다. 오늘날까지도 하느님의 이름을 표명하지 않는 유대인들과는 반대로 그리스도인들은 하느님의 이름을 직접 부르면서 하느님께 도움을 요청합니다. "주님의 이름을 부르는 자는 구원을 받으리라."(사도행전 2:21, 로마 10:13)

4) 지속적인 반복의 영적 훈련 : 성 니꼬데모스는 사도 바울로가 권고하는 "늘 기도하십시오."(Ⅰ데살로니카 5:17)라는 말씀이 사막의 동굴이나 산꼭대기에서 혼자 수도하는 사람에게만 국한된 것이 아니라, 가족에 대한 책임이 있는 결혼한 그리스도인이나 농부, 상인, 변호사 그리고 사회지도자에게도 모두 해당되는 것이라고 하였습니다. 기도는 온 세상에 권고하는 것입니다. 기도는 모두에게 연관되어 있는 것입니다.

    이 기도는
    언제라도
    다른 사람과 같이 또는 혼자서도
    공동기도로도, 개인기도로도 할 수 있습니다.

이 기도는
모든 세대를 위한
어떤 장소이든 매 순간을 위한
사막이든 도시이든
초보자이든 경험자이든
시간과 장소에 구애받지 않습니다.

예수기도는 영광과 회개의 기도입니다. 기도 안에는 하나의 순환하는 움직임이 있습니다. 오름과 돌아옴이 있는 하나의 예배입니다. 기도의 첫 번째 부분은 하느님께 오르는 것입니다. "주 예수 그리스도 하느님의 아들이시여," 그리고 다음의 두 번째 부분은 뉘우침으로 자기 자신에게 돌아오는 것입니다. "이 죄인을 불쌍히 여기소서."(칼리스토스 웨어 대주교) 성 마까리오스는 "성령의 선물을 맛본 사람은 동시에 두 가지의 양심을 가진다. 하나는 기쁨과 위로이다. 왜냐하면 하느님은 사랑이시고 용서의 하느님이시기 때문이다. 다른 하나는 죄에 대한 뉘우침과 회개이다."라고 말씀하셨습니다.

저는 지금 매우 큰 기쁨을 느끼며 이 책에 대한 머리말을 쓰고 있습니다. 왜냐하면, 그동안 전세계에 있는 많은 사람들에게 알려지고 거듭 읽혀지고 있는 이 예수기도에 대한 책을 마침내 하느님의 은총으로 한국정교회에서 출판할 수 있게 되었기 때문이다.

이 책은 지금까지 열 가지 언어로 번역되었고 여러 번 판을 거듭했습니다. 저자인 나프빠끄또스의 이에로테오스 대주교는 오늘날 그리스에서 가장 잘 알려진 신학서 저자 중에 한 분입니다.

저는 이 책을 신중히 읽고, 특히 매일의 생활 중심에서 예수기도를 반복해서 하기로 계획하고 실천하는 사람들이 분명히 자신의 삶이 영적으로 크게 성장하는 것을 볼 것이라고 확신합니다. 이로써 모두에게 좋은 시작이 되기를 기원합니다.

정교회 한국대교구
† 조성암 암브로시오스 대주교

† 조성암 한국 정교회 대주교

추천사

오늘날 우리가 신비신학과 교부신학에 대한 목마름, 고요함과 금욕에 대한 목마름, 마음과 영으로 드리는 끊임없는 기도에 대한 목마름을 자각하게 된 것은 전적으로 하느님의 자비의 결과이다.

인간중심주의, 물질주의, 교만이 흘러넘치는 세상에서, 그리스도 안에서의 삶을 참되게 살아내려 하고, 하느님과의 일치와 완전을 열망하며, 우리 교회와 거룩한 교부들의 전통을 따라 살고자 갈망하는 영혼들이 어떻게 나타날 수 있단 말인가?

> "가장 높으신 분께서 그 오른손을 거두시는 것, 이것이 나의 슬픔이로구나." (시편 77:10)

이는 항상 살아계셔서 영혼들을 그리스도의 몸인, 우리의 거룩하고 공번되고 사도적인 정교회에 거룩하게 연합시키는 성령의 역사가 아닐 수 없다.

오늘날 우리는 수많은 시도와 노력 끝에 거룩한 교부들의 전통이 하나의 사치가 아니라, 정통 신앙의 참되고 바른 삶의 불가결한 조건임을 이해하게 된다.

지극히 자비로우신 주님께서 교회 한 복판에 지극히 거룩한 성모님의 정원인 이 낙원, 즉 거룩한 성산(아토스 산)을 조성하시어 하느님 은총의 빛으로 전 교회를 생기 넘치게 하심은 참된 지복이 아닐 수 없다. 이 하느님의 은총의 빛은 오늘 이 시대의 성인들 가운데, 또 성모님의 거룩한 처소들 속에, 또 오늘날까지 살아 끊임없이 이어져 온 거룩한 교부들의 전통 안에 그 장막을 세운다.

이 책에 소개될 글의 저자 또한 이 거룩한 전통에 사로잡힌 사람이다. "하늘의 시민권자"(필립보 3:20)라는 사도 바울로의 말처럼, 그는 세상에서 일하지만 이 하늘, 이 하느님 나라를 선취하는 거룩한 아토스 성산을 자신의 도성으로 삼고 있다.

우리의 마음에 알맞게 은총을 나누어 주시는, 인간의 친구이신 주님은 이에로테오스 블라코스 대주교에게 거룩한 아토스 성산의 영적인 의미를 사랑하고 자각하게 하는 은총과 "주 예수 그리스도여, 죄인인 나를 불쌍히 여기소서."라고 하는 그 마음의 신비로운 박동소리를 듣게 하는 은총을 주셨다.

그는 거룩한 영적 아버지들과 대화하였고, 그들로부터 거룩한 축복을 받았다. 그는 영원한 생명의 말씀들을 들었다. 이제 형제들에 대한 사랑으로 그는 그의 마음에 가득 찬 것을 흘러넘치게 하여 나누어 갖고자 한다.

우리의 거룩한 영적 아버지들은 거룩함의 정상(頂上)이 어떤 것인지를 밝혀주고, 또 영적 삶의 등정에서 조금도 지체하지 말 것을 권고하면서도 한편으로는 한결같이 우리처럼 불완전하고 무능하고 이제 막 걸음마를 시작한 경험 없는 이들이 거쳐야 할 첫 번째 단계들을 자상하게 보여주는데, 이것이야말로 우리 영적 아버지들이 사람들을 얼마나 사랑하는 지를 보여주는 표가 아니겠는가! 그들은 우리에게 고지를 보여주지만 동시에 낮은 곳에서부터 시작하도록 우리를 손으로 잡아 내린다.

이렇듯 이 책은 영적 기도의 완전한 모습뿐만 아니라 그것의 초보적인 단계를 제시한다. 그러므로 세상에서 살아가는 우리 형제들도 더욱 강건해지고 성화되기 위해 이를 연마할 수 있을 것이다.

지극히 거룩하신 주님 안에서 이미 신비스런 상승의 절정을 맛보았고 삼위일체 하느님과의 교제 안에서 사셨던 성모 마리아의 축복으로 이 책의 출판이 저자에게나 이를 읽는 이들 모두에게 크게 유용할 것임을 나는 확신한다. 경건한 신자들이 예수기도와 관련된 책을 공부하면 할수록 그들 안에 이를 실천에 옮기고자 하는 열망이 더욱 불타오를 것은 불을 보듯 당연한 일이다.

우리에게 온갖 선과 완전을 제공하시는 우리 하느님께 영원히 영광과 감사를 드린다.

거룩한 성 그레고리오스 수도원
수도원장 게오르기오스

제2판 서문

삼위일체이신 거룩한 하느님의 은총과 우리 시대의 거룩한 영적 아버지들의 축복으로 내가 복된 수도승 한 분과 나눈 대화를 담은 『아토스 성산의 한 은수도승과 나눈 대화』라는 책을 출판 보급하였을 때, 얼마 되지 않아 2판이 필요하게 되리라고 나는 기대조차 하지 않았다.

거룩한 교회 안에서 살아가며 하느님의 말씀을 들을 수 있는 은총을 받은 하느님의 백성은 참된 복음적 삶과 바른 가르침(정교)에 목말라 한다. 그들은 회심에 뿌리를 두며 또한 우리에게 정통이 무엇인지 확신을 갖게 해 줄, 참으로 복음적인 삶의 방법을 찾으려 애쓰고 있다. 사도들과 교부들의 경험 전통과 맞닿아 있는 수도원의 체험담을 담은 책들이 많이 읽히는 이유가 바로 여기에 있다. 또 우리 시대의 많은 사람들이 거룩한 전통, 즉 사도들의 생동함과 교부들의 삶의 방식과 순교자들의 정신이 온전하게 보존되어 있으며 일반적으로 정통 신앙이 무엇인지를 있는 그대로 보여주는 수도원 정신으로 되돌아가려는 거대한 흐름에 참여하는 이유도 바로 여기에 있다. 은총을 입은 모든 이들, 영적인 감수성을 발전시켜온 모든 이들은, 영혼을 타락케 하는 정욕의 영향으로부터 자신을 정화하여 정화된 사람, 그리스도의 사도, 영웅적인 순교자, 교회의 아버지, "은총에 의해 하느님의 아들"된 사람들이 존재한다는 사실을 금방 알아차린다.

교부들에 의하면, 영혼의 감각적 영역을 정화하고 생각을 내던져버린 금욕가는 이미 오류에 빠질 수 없는 완전을 획득하며, 그리하여 복된 삼위일체 하느님의 생명에 참여한다고 한다. 그는 자신의 본성을 변화시켰고 그래서 하늘 왕국을 누린다. 그리스도 안에서 빛이 된 이에게는 저승의 삶이 더 이상 앞으로 다가올 무엇이 아니다. 그는 더 이상 미래에 임할 하늘 왕국을 기다리지 않는다. 왜냐하면 그는 이미 지금 그것을 받아 누리기 때문이다. 그러므로 그러한 금욕가를 만나게 되면, 사람들은 마치 제자처럼 그 발아래 겸손하게 조아리고 앉아서 가르침을 받고자 한다. 그들은 그가 말한 모든 것이 개인적인 견해가 아니라 성령의 감동에 의한 것임을 잘 안다. 그의 말은 성령의 은총으로 그의 존재 안에 태어나신 부활하신 말씀(그리스도)의 말씀이다.

지극히 거룩하신 성모님이 하느님의 아들이신 말씀의 어머니가 되셔서 모든 이들의 어머니가 되신 것처럼, '그리스도'를 닮게 된 신자도 '사람이 되신 하느님'의 어머니가 되고 이어서 사람들의 양식이 된다. 사람들은 인간의 지혜나, 성경 말씀을 기가 막히게 풀어내고 설명하는 능력이 아니라 그들 안에서 역사하시는 성령에 의해 양육된다. 하느님의 사람은 자신의 삶의 빛을 통

해서 사람들이 하느님을 보도록 이끌어 올린다. "왜냐하면 그는 위를 향해 나아가며, 하늘에 계신 아버지와 정의의 태양이신 그리스도의 영광을 향해 시선을 똑바로 두기 때문이다."(성 그레고리오스 팔라마스) 또한 은총으로 가득 찬 그의 마음은 성령의 조명으로 두루 빛난다.

나는 빛나는 금욕가들을 이렇게 생각하며, 하느님의 백성도 그들을 이렇게 생각하리라.

정화된 수도승들은 사도들과 교회 교부들의 계승자들이다. 왜냐하면 그들은 전통을 간직하고 있으며, 그 흐름 안에서 살기 때문이다. 그들은 또한 순교 성인들의 후계자이다. 그들은 우리 시대를 살아가는 그리스도의 순교자다. 보편 교회 안에서 수도승의 가치는 신앙의 순교자들이 지니는 가치에 버금간다. 이 둘의 공통 요소는 바로 '증언', 즉 '사람이 되신 하느님'이신 예수를 고백하는 것이며, 순교는 이 고백의 완성이며 결론이다. '증언'과 무관한 순교자는 교회에서 존경받지 못한다. 순교자들은 많은 것을 교회와 세상에 가져다주었다. 그들은 예수가 그리스도, 즉 그분을 믿는 자는 누구든지 구원하시는 '사람이 되신 하느님'이라고 고백하였기 때문이다. 이것은 '사람이 되신 하느님'에 대한 가르침이 경시되고 문제시되는 시대에 특별히 중요하고 탁월한 사역이다. 예수는 그리스도이심을 증언하는 것은 비록 순교를 당하지 않더라도 지극히 큰 가치가 있는 일이며 이를 고백하는 사람은 그리스도의 증인임을 나는 반복하여 말한다. 반대로, 증언이 없는 순교는 아무 가치가 없다. 왜냐하면 이단자들과 천년

주의자들도 구원의 확실한 보장을 받지 못했음에도 불구하고 어떤 사람들에게는 순교자로 여겨지기 때문이다.

순교자들의 위대한 가치가 바로 여기 있다. 또한 수도원은 세상을 위해 일하지 않고 세상일에는 아예 관심조차 없다고 수도원 정신을 비판하는 이들이 있다면 이는 마땅히 비판되고 바로잡아져야만 한다. 누구든 이러한 견해를 지지하는 사람은 순교자들을 짓밟는 자들이다. 왜냐하면 그들은 순교자들 또한 살아서 세상에 유익을 가져다 줄 생각은 하지 않고 순교당하는 것을 선호했다고 말할 수 있을 것이기 때문이다. 금욕가들에게 일어나는 일은 속된 말로 최악이다. 순교자들은 단 한번 그리스도를 고백하고, 단 한번 순교의 죽음을 당함으로써 영광을 얻지만, 금욕가들은 매일 그리스도를 증언하고 끊임없이 마음으로 피를 쏟아야 하기 때문이다.

포기는 순교이다. 그런데 이 포기가 평생의 삶과 결합된다. 교부들에 따르면 포기의 세 가지 단계가 있다. 먼저 모든 물질의 포기가 있다. 둘째는 자기 자신의 의지를 포기하는 것이다. 셋째는 특별히 순종과 같은 그 이전의 여러 가지 포기 경험이 만들어내는 헛된 자부심(영광)을 또한 포기하는 것이다.

우리는 금욕가들의 삶을 성만찬적 관점에서 이해한다. 그들은 그들의 삶 자체를 하느님께 바친다. 그들은 불멸과 영광 안에서 그 삶을 즐긴다. 이렇듯 수도승들은 순교자들의 은총을 받는다고 확실히 말할 수 있다.

교회의 진정한 자녀들인 이들은 그리스도의 몸의 다른 지체와

깊은 교통을 느낀다. 그들은 전 인류적 사태(事態)를 온몸으로 받아들이며 인류를 위해 기도한다. 바로 여기에 십자가를 통한 인류에 대한 봉사가 있다. 그들은 교회에 속한다. 마치 감추어진 장기(臟器)와 같이 말이다. 인간이라는 유기체에 있어서 감추어진 장기는 비록 보이지 않지만 몸 전체의 기능을 돕는 것처럼, 금욕가들도 비록 보이지 않고 은밀하지만 교회라는 몸이 정상적으로 기능하도록 돕는다. 만약 이 장기가 정상적으로 작동하기를 그친다면, 교회라는 몸의 여러 지체의 모습도 일그러져 버릴 것이다.

존경스럽고 영웅적인 이들의 존재 그 자체로 우리 시대에 대한 위대한 봉사이다. 그것은 인간의 구원 사건이며, 예수를 단지 하느님(그리하여 그분과의 어떤 만남도 불가능한)이라거나 단지 인간(그리하여 구원을 잃어버리는)이라고 생각하는 시대에 예수를 '사람이 되신 하느님' 즉 '사람이요 동시에 하느님이시다.'라고 고백하는 일이며, 혼란으로 가득 찬 시대에 던져진 구원의 확신이며, 시스템에 대한 싫증이 번져가는 이 시대를 밝혀 줄 신화(神化)의 희망이다.

제1판이 아토스 성산에 살면서 수도생활의 오래된 정신을 보존해가고 있는 영웅적이고 존경스러운 이들에게 헌정된 것이었다면, 제1판의 일부를 수정하고 미처 생각지 못했던 것들을 여럿 추가한 제2판은 수도생활을 사랑하고 정교회의 금욕적 정신을 사랑하며 비록 결혼한 이들일지라도 그러한 정신으로 살고자 하는 모든 이들에게, -교부들은 결혼한 이들도 금욕적 삶을 실천해야 한다고 말한 - 또 마음속에 수도생활에 대한 목마름, 즉 순교에의 목마름에 휴식과 수면도 없이 밤낮으로 헌신하겠다는 결단을 가진 이들에게, 지혜로운 영적 아버지의 지도를 따라 수도원의 거룩한 천상 공동체에 참여하려는 열망을 가진 이들에게 헌정되었으면 한다.

이 어리석음이여, 복되도다. 이 병에 감염된 이들이여, 복되도다. 수도원 정신이 사라진다면, 정교 신앙 또한 사라지리라.

이에로테오스 블라코스 대주교

서문

다음에 이어질 페이지들은 아토스 성산의 어떤 영적 아버지와의 대화를 소개한다. 나는 그 대화를 옮겨 놓을 생각을 꿈에도 하지 못했다. 그런데 어느 날, 성 막시모스 성인의 글을 읽으려 할 찰나에 나는 아토스 성산의 이 지혜로운 영적 아버지와 나눈 대화를 글로 옮겨 놓으라고 재촉하는 내적 음성을 듣게 되었다. 나는 그 이전에는 한번도 들어본 적이 없는 이 신비로운 내적 음성에 순종하기로 했다. 나는 머리 속에 기억나는 대로 글로 옮겨 적기 시작했다. 몇 시간 동안의 작업 끝에 이 책이 탄생했다. 이에 대해 나는 다시 한번 독자들의 관대한 애정을 부탁한다.

여기서 나는 이 대화록을 읽기 전에 알아두어야 할 몇 가지를 지적하고자 한다.

이 책을 하나의 수필이나 이야기처럼 읽지 말고 하느님께서 보내신 가르침, 거룩한 산의 이 지혜자가 주신 가르침, 은총으로 신화(神化)된 이의 가르침으로 읽기 바란다. 읽다가 뜻을 더 깊이 음미하기 위해 독서를 잠깐씩 멈추는 것도 좋을 것이고, 기도하기 위해서라면 더욱 좋을 것이다. 아마도 이 대화록을 두 번 정도 읽는다면 더없이 유익할 것이다.

이 책이 쓰인 목적, 즉 실천에 적용하려는 목적을 가지고 읽기 바란다. 가끔씩이라도 예수기도의 '구름' 속으로, 시나이 산과 다볼 산에 들어가려고 결심하자. 거기서 우리는 하느님을 만날 것이다.

> 예수 이름을 부르면 예수께서 즉각적으로 자신을 현현하신다. 왜냐하면 이름은 현존의 한 형식이기 때문이다. (엡도키모프)

이러한 생각은 주님의 말씀과 일치 한다.

> 단 두세 사람이라도 내 이름으로 모인 곳에는 나도 함께 있기 때문이다. (마태오 18:20)

또 사도 바울로의 말과도 일치 한다.

> 성령의 인도를 받지 않고서는 아무도 "예수는 주님이시다." 하고 고백할 수 없습니다. (I 고린토 12:3)

누구라도 기도를 드리면, 그 순간 성령께서 다볼 산의 구름처럼 임재 하신다.

독자는 내가 여기서 소개하는 은수도승을 찾아보려는 괜한 시도를 하지 않기를 바란다. 찾기도 쉽지 않겠지만 헛된 기대와 선입견들로 인해 도리어 실망할 사람들도 있겠고, 무엇보다 그 분

께서 그걸 원치 않기 때문이다.

독자들은 수많은 교부문헌 인용을 보고 놀라워 할 수도 있으리라. 거룩한 산의 수도승들은 우리 교회의 거룩한 교부들의 영적 새싹이라는 사실을 강조하지 않을 수 없다. 지극히 거룩하신 성령께서는 거룩한 교부들 안에 살아 역사하셨듯이 지금 그들 안에서도 살아 역사하신다. 다시 말해 그들은 교부들의 정신을 가지고 있으며 그래서 쉽게 특별한 어려움이나 노력 없이도 교부들의 사상을 간파할 수 있다.

대화가 지속되는 동안, 하느님을 본 이 지혜로운 은수도승은 자주 그가 소지하고 있는 여러 책들(성 그레고리오스 팔라마스, 신(新)신학자 성 시메온, 필로칼리아 … 등등)을 펼쳐 보여주며, 수많은 구절을 읽어주고 설명해주었다는 사실을 나는 강조하지 않을 수 없다.

나의 간절한 기도는 이 책을 통해 무릇 많은 사람들이 그동안 수많은 사람들을 성화시켰던 기도를 찾는데 도움을 얻는 것이며 이를 통해 그들 자신도 성화되었으면 하는 것이다.

나는 내 생각을 이 존경스럽고 영웅적인 인물들에게로 향하게 해야 할 필요성을 강하게 느낀다. 아토스 산에 살고 있는 "하느님의 사랑을 본받는 자들", 세상을 포기한 이들, 그리하여 추한 몰골의 세상이 아니라 변모된 세상, 참 세상에서 살아가는 이들, 하느님을 체험하며 살아가는 이들에게로 말이다. 그들이야말로 이 시대 그리스도의 증인이며, 그들이야말로 "피부에 와 닿게 세상을 등진 이들이며, 영적으로 세상에 대하여 죽은 이들이다." 이 거룩한 인물들은 나를 강하게 해주었고, 나를 도와주었으며,

나를 그들의 빵으로 먹여주었다. 가난하기 짝이 없는 나는 그들에게 참으로 많은 것을 빚졌다. 나는 가난하다. 그래서 이 양식을 조금이라도 취하지 않는다면, 나는 죽고 말 것이다. 나는 굶주림에 허덕인다. 하지만 그들의 자비와 축복과 사랑으로 살아간다.

"거룩한 산 위에 펼쳐진 하늘을 바라보며 살아가는" 바로 이 영적 아버지들에게, 그들의 크나큰 사랑에 대한 감사로, '사랑의 빚'으로 이 책을 헌정한다. 그들은 물질적(박탈), 영적(겸손과 순종), 육체적(정결)인 삼중의 가난을 미치도록 사랑한 이들이었고, "참으로 주님의 지복의 길을 걸어가는" 이들이었다. "왜냐하면 그들은 마음이 가난해진 이들이요, 온유하여 땅의 상속자가 된 이들이요, 또 슬퍼하여 위로받은 이들이요, 정의에 굶주려 배부르게 된 이들이요, 자비로워 자비를 입은 이들이요, 마음을 정화하여 그 만큼 하느님을 볼 수 있게 된 이들이요, 평화를 위해 일하여 하느님의 양아들이 된 이들이기 때문이다."

거룩한 아버지들이여, 은수도승들이여, 우리는 모두 죄인들이지만, "당신들을 복되다고 선언할 수밖에 없습니다. 우리는 어리지만, 당신들은 어른이요, 우리는 아들이고 당신들은 우리의 아버지요, 우리는 죄인이지만 당신들은 성인이기 때문입니다."(아토스 성산의 니코데모)

이에로테오스 블라코스 대주교

주님이시여, 순결과 두려움과 금욕 안에서 살아가는
거룩한 교부들을 기억하소서.
산에서, 동굴에서, 땅 구덩이 속에서
당신의 거룩한 이름을 위해 싸우는 이들을 기억하소서.

주님의 형제이신 성 야고보 성만찬 전례문에서

수도승들의 침묵, 말씀, 삶

거룩한 산은 침묵이 소리 높여 말하는 신비스런 곳이다. 침묵, 그것은 다가올 세상의 언어이기에 그 자체가 바로 영원이다. 거룩한 천사들이 우리의 지각 능력과는 다른 또 하나의 영적 능력을 지닌 것처럼, 그래서 하느님의 생각을 다른 이들에게 전할 수 있는 것처럼(성 대 바실리오스), 거룩한 산에 사는 지상의 천사들도 삶과 기도를 통해서 육체를 가지지 않은 존재인 하늘의 천사들과 겨룬다. 이들은 삶 속에서 경험한 것을 전달하는 또 다른 능력을 가지고 있다. 침묵이 바로 그것이다. 특별히 거룩한 산에서 침묵은 가장 유창한 웅변이며, '고요한 권면'이다. 거룩한 산에서 이들은 결코 말을 많이 하지 않는다. 반대로 이들은 '침묵 속에서' 하느님의 신비와 정교 신학의 아포파시스(apophasis)[1] 경험한다. 그들은 침묵 속에서 하느님의 음성을 듣고 덕을 쌓아간다. 신신학자 성 시메온에 따르면, "초보자들이 덕을 획득할 수 있는

---

1 역자주 부정을 통해 인간 이성의 한계를 뛰어넘어 끊임없이 더욱 깊은 하느님 신비의 체험으로 나아가는 신비신학적 통찰의 방법과 내용.

빠른 길은 입을 닫고 눈을 감고 귀를 막는 것이다."

수도승들은 침묵으로 우리를 가르친다. 우리는 『교부 금언집』에서 다음과 같은 가르침을 읽는다.

> 어느 날 대주교 떼오필로스가 스케티에 갔다. 형제들이 모여 아빠스 빰보에게 말했다. "주교님께 도움이 되도록 한 말씀 해주십시오." 아빠스는 이렇게 대답했다 "나의 침묵이 그에게 유익하지 않다면, 나의 어떤 말도 그에게 유익을 주지 못할 것이다."
> (아빠스 떼오필로스)

거룩한 산에 갈 때는 침묵에서 뭔가 유익을 얻으려는 마음가짐을 가져야 한다. 침묵의 가르침을 알아듣게 된다면 그때부터 삼라만상이 말하게 될 것이다. 수도승들의 침묵이 묻어나는 옷자락, 은수도승들의 동굴, 참회의 수도원, 자연과 무생물조차 당신에게 수많은 이야기를 들려줄 것이며, 놀라운 가르침을 전해줄 것이다. 거룩한 산은 이와 같이 '침묵으로' 말한다.

하지만, 이따금씩 이들도 말을 한다. 그것은 당신들의 유익을 위한 것이다. 왜냐하면 그들의 삶이 선하기 때문이다.

> 말없는 (선한) 삶은 당연히 (선한) 삶이 없는 말보다 더욱 값지다. 전자는 침묵하지만 큰 유익을 주는 반면 후자는 소리 지르며 어지럽힌다. 만약 삶과 말이 일치한다면, 그것이야말로 모든 철학의 참모습이 될 것이다. (뻴루시온의 이시도로스)

그들은 거룩한 삶을 살아 '성령의 악기', 사랑과 말씀과 지혜,

다시 말해 성 삼위일체의 '신비로운 트럼펫'이 되었기에, 그들이 어떤 방식으로 말하든 그것은 언제나 유익하다. 그들은 할 '말'이 많다. 왜냐하면 그들의 삶과 행위는 아주 풍요롭기 때문이다. 질문을 받으면 그들은 '말'한다. 우리는 교부 금언에 자주 등장하는 문답을 알고 있다.

> 아버지, 한 말씀만 하소서. 내가 구원받겠나이다.

이 말은 광야의 언어이다. 은수도승의 입에서 나온 '진실한' 이 말은 그 마음에서 마치 거룩한 성령의 소산처럼 흘러나오고, 말씀을 간청한 이는 그것을 이성으로 헤아리려 하지 않고 그저 사랑의 열매로 받아들인다. 영적 아버지의 한 마디는 살아가는데 없어서는 안 될 것이 된다. 말은 하느님의 사랑을 먹고 사는 하느님의 친구인 그 영혼으로부터 흘러나오고, 말을 듣기 원하는 사람의 갈증의 정도에 따라 주어진다. 지극히 거룩한 성모께서 성령의 능력으로 하느님 아버지의 말씀을 잉태하고 '사람이 되신 하느님' 예수를 낳아 '모든 창조물의 기쁨'이 되신 것처럼, 영적 아버지들도 그들의 순결함으로 인해 말씀을 잉태하고 목말라 하는 자들에게 그 말씀을 전해주어 그들의 기쁨이 된다.

> 형제가 두 명의 신자를 데리고 아빠스 펠릭스에게 다가왔다. 형제는 아빠스에게 그들의 유익을 위해 몇 말씀 해달라고 간청했다. 하지만 아빠스는 입을 다물었다. 형제가 끈질기게 간청하자, 아빠스가 이렇게 말했다. "정녕 한 마디 듣고 싶으냐?" 형제는 대답했다. "예." 그러자 아빠스가 그들에게 말했다. "이제 더 이상 할 말이 없

다. 사람들이 스승에게 질문하고 또 스승이 들려준 권면을 행하려는 마음을 가지고 있을 때, 하느님께서는 지극히 높은 곳에서 스승들에게 말을 할 수 있는 은총을 내려주셨다. 하지만 지금은 형제가 질문하기만하지 들은 것을 실천하지는 않으니, 하느님께서는 스승들에게서 말을 할 수 있는 은총을 거두어 가셨다. 그러니 스승들은 말을 해도 그것을 행할 사람이 한 명도 없을 때는 할 말을 찾지 못한다." 이 말을 듣고 형제는 한숨을 내쉬며 이렇게 말했다. "아빠스, 저희를 위해 기도해주십시오." (아빠스 펠릭스, 교부 금언집)

이 예는 말이 은총의 빛이라는 것을 잘 보여 준다. 은총은 순결하고 거룩한 사람들을 비추어주며, 말을 통해서 생명에 살을 붙여준다. 또한 말은 원하는 자의 갈증에 비례하여 주어지며, 수도승들은 종종 선을 위해 필요할 경우 신중한 책망을 통해서 돌처럼 차가운 마음을 깨부술 줄도 안다는 것을 이 예는 잘 보여준다.

그러므로 당신이 단순함과 겸손과 실천의 염원을 가지고 스승에게 질문한다면, 분명 은총의 빛인 말씀을 듣게 될 것이다. 아주 간결하고 겸손하지만 지혜와 은총으로 가득 찬 말, '은총이 충만한' 말을 듣게 될 것이다.

왜냐하면 그들은, 하느님 아버지의 말씀인 동시에 심오한 침묵이신 그리스도를 본받기 때문이다. 그들은 말한다. 하지만 입을 다물기도 한다. 놀랍게도, 인간을 향해 오시는 하느님은 '말씀을 통해 계시'하실 뿐만 아니라 '침묵으로' [자신을] 드러내시는 분이시기에, 하느님의 사람이 다른 이들을 향해 나아가는 운동 또한 이 두 가지 요소로 특징지어진다. 그러므로 거룩한 산을 방

문할 때는 말을 통해 배우려하기 보다는 침묵을 통해 배우려는 마음을 갖도록 하자.

거룩한 산의 수도승들, 은수도승들, 광야의 노래하는 새들은 생명을 온전히 누린다. 그들은 낙원에 푹 빠져 있다. 그들은 참으로 신화(神化)된 이들이며, 금욕과 봉사로 인해 질그릇처럼 쇠약해진 몸으로 그리스도의 삶을 온전히 살아내고 있다. 바로 그곳에서 무미한 신학이 가르치는 이론으로서의 신화가 아니라, 참으로 실천적이고 실제적인 신화를 볼 수 있다. 그들은 믿음과 행위 속에서 살아간다. 당연하게도 행위 없는 믿음은 몽상에 불과하고, 믿음 없는 행위는 우상 숭배에 지나지 않기 때문이다. 그들의 굳은 얼굴 위에는 (왜냐하면 그들은 세상의 가식적인 외양을 포기하기 때문이다) 하느님의 은총과 그리스도의 모습이 새겨져 있다. 거룩한 금욕가로 이루어진 이 합창대는 "[인간의] 본질을 거스르는 세상을 피하고, 반대로 [인간의] 본질에 합당한 것을 구해내며, [인간의] 본질을 뛰어넘는 은사를 받기에 적합한 존재가 된다."(성 니코데모)

우리는 그들의 삶이 불행과 슬픔으로 가득 찬 것이라고 믿곤 한다. 하지만 그들의 내적 고요함이 흘러넘칠 때, 그것은 홍수가 된다. 그들은 마치 어마어마한 물을 고요히 담고 있지만, 허물어지면 그 엄청난 위력을 드러내 근방의 모든 지방을 잠겨버리게 하는 둑과 같다. 그들이 입을 열면, 향기가 난다! 거룩한 수도승의 입술은 "꿀과 청정수를 흘려 내보내는 샘"(성 요한 크리소스토모스)이다. 사람들은 그들이 불필요한 존재라고 믿지만, 그들이야말로 뭇 사람들을 보호하고 시원하게 해주는 무성한 잎을 가진 하늘 높이 솟아 오른 나무들임을 금방 깨닫게 된다. 사람들은 그들이 지저분하고 청결에는 도무지 관심도 없는 털북숭이의 퉁명스럽고 비사교적인 사람들이라고 생각하지만, 그들이야말로 "감미롭고 몸에 좋은 열매를 가득 달고 있는 과실나무"이며 "항상 활짝 피어 향내를 뿜어내", 우리들을 그 향기에 잠기게 할 백합임을 금방 알게 된다. 이 모든 것은 참 생명이신 그리스도께서 그들 안에서 살아계시기 때문에 가능하다. "그들의 생명은 그리스도 안에 감추어져 있다."

하느님의 영을 간직한 사람들은 누구나, 거룩한 교부들의 발자취를 따라 그 전통에 의지해 살아가는 거룩한 산의 모든 수도승에서, 죽음과 생명이라는 겉으로는 지극히 모순적인 상황이 공존하고 있음을 깨닫는다. 생명은 그들의 죽음으로부터 흘러오고, 이 생명으로 인해 죽음은 죽임을 당한다. 죽음(죄)이 더욱 더 죽임 당할수록, 그리스도의 생명은 더욱 왕성하게 생명력을 얻는다. 생명이 커갈수록 죽음은 더욱 사멸의 길로 굴러 떨어진다. 그래서 결국은 죄를 사멸시키고 참 생명을 탄생시키는 그리스도의 부활과 승천을 삶으로 살아가게 된다. 이렇듯 수도승들은 죽음을 덧입음으로써 생명을 얻는다고 우리는 말할 수 있다. 사도 바울로는 로마인들에게 이렇게 쓰고 있다.

> 그것은 죽은 자들 가운데서 다시 살아나신 그리스도께서 다시는 죽는 일이 없어 죽음이 다시는 그분을 지배하지 못하리라는 것을 우리가 알고 있기 때문입니다. 그리스도께서는 단 한 번 죽으심으

로써 죄의 권세를 꺾으셨고 다시 살아나셔서는 하느님을 위해서 살고 계십니다. (로마 6:9~10)

성 니케타스 스테타토스는 자신이 성도, '그리스도를 덧입은 사람'이라고 쓰고 있다. 왜냐하면 그 역시 세상에 대해 죽은 뒤로 그리스도의 생명을 누리고 있기 때문이다.

> 사망의 행위로부터 부활한 이는 그리스도와 함께 부활한다. 그리스도는 더 이상 죽지 않는다는 것을 알기에 그리스도와 함께 부활한 이에게는 무지의 죽음이 더 이상 힘을 쓰지 못한다. 더 이상 육체와 세상을 위해서 살지 않기에, 그는 육체의 여러 지체와 삶의 여러 가지 필요에 대해 죽고, 대신 그리스도가 그 안에서 살아계신다. 그는 이제 육체의 법이 아니라 성령의 은총 아래 있기에, 그 육체의 지체는 의(義)의 병기가 되고, 그렇게 해서 그는 점점 더 가시적으로 하느님 아버지와 가까워지게 된다.

신화된 수도승에게서 우리는 또한 안정과 운동의 공존을 만난다. 그들은 성 막시모스의 말대로 "끊임없는 운동 속에 있는 안정", "안정된 운동"의 삶을 살아간다. 다시 말해 그들은 "그리스도 안에" 머물러 있는 동시에 더욱 완벽하게 그리스도를 누리기 위해 끊임없이 전진한다. 그리스도는 아주 고귀한 진주이기 때문이다. 니싸의 성 그레고리오스는 아주 탁월하게 이것을 표현하고 있다.

> 보라, 지극히 놀라운 이 역설을! 안정과 운동이 어떻게 동일한 것일

수 있는지를! 상승은 안정된 것이 아니다. 안정된 것은 또한 상승하지 않는다. 그럼에도 불구하고 이 상승은 안정으로부터 나온다. 왜냐하면 누구나 선(善) 안에서 움직이지 않고 견고하게 머물러 있을 때만 덕을 향해 나아가는 자신의 여정을 완수할 수 있기 때문이다.

즉, 선 안에 머무르면서 동시에 쉼 없이 운동한다는 것이다. 쉼 없이 운동하면서 동시에 그리스도 안에 머물러 있다는 것이다. 그것은 그리스도를 향한 끝없는 목마름이지만 동시에 하느님 안에서의 배부름이다. 한 수도승은 이렇게 말했다.

> "아주 이상한 일이 나에게 일어나고 있다. 나는 배고픈 동시에 배부르다." 하지만 하느님의 사람에게 이 모든 것은 조금도 이상한 일이 아니다. 이것이야말로 사실 "늘 더욱 완전해지고자 하는 완전자들의 지극한 완전이다." (요한 클리막스)

수도승의 삶은 끊임없이 그리스도이신 말씀이 된다. 수도승은 싸움을 통해서 "그리스도가 자신 안에서 커가는" 삶을 살아간다. 그리스도는 그 안에서 육화하여 기적을 일으키고 고난과 죽음을 당하고 부활하고 승천한다. 그리스도 안에서 살아가기에 수도승은 그분으로부터 자신의 내부와 외부 세계의 통일을 획득한다. 그는 모든 외적 구분을 뛰어넘어 아담이 경험했던, 타락 이전의 삶보다 더 높은 경지로 올라간다.

성 막시모스는, 아담은 해결하지 못했지만 지금은 새 아담이신 그리스도의 도움으로 해결할 수 있게 된 다섯 가지의 모순에 대해 가르쳐 준다. 창조된 것과 창조되지 않은 것, 지성적인 것

과 감각적인 것, 천상과 지상, 낙원과 현세, 남성과 여성 사이의 모순이 바로 그것이다. 사람은 마지막 모순을 극복하는 것을 시작으로 해서 첫 번째 모순인 창조된 것과 창조되지 않은 것 사이의 모순을 극복하는 데까지 나아간다. 즉, 하느님께 속한 성인은 자기 자신 뿐만 아니라 세상 전체를 하느님께 바침으로써 한 사람이 인류 전체에 선을 베풀게 된다는 말이다.

어느 날 내가 거룩한 산에서 만난 분이 바로 그와 같은 수도승이었다. 이 수도승은 가없는 하느님의 자비를 충만하게 누린 사람이다. 그는 땅굴에서 살아감으로써 이 세상의 모든 허상을 초월했다. 어떤 말도 그분을 묘사할 수 없다! 현자라는 칭호도 그분의 진실을 다 담아낼 수 없다. 또 만약 그를 미치광이라 한다 해도, 그의 영적인 미침의 위대함을 옳게 드러낼 수 없을 것이다. 우리는 그를 어떻게 규정해야 할지 알지 못한다. 이 세상의 겉치레를 다 벗어버린 후 그는 영원의 심연을 향해 나아갔다. 그는 하느님의 빛에 다가갔고, 불이 되어 형언할 수 없는 방식으로 타올랐으며, 지금은 창조되지 않은 불꽃에 의해 활활 타오르고 있다. 그와 함께 대화를 나누는 많은 시간 동안 우리는 그가 불이 되어 완전히 타버릴 것이라고 생각하곤 했다. 우리는 엘리야 예언자가 불수레를 타고 승천한 것처럼 그도 산 채로 하늘로 날아가 버릴 것이라고 믿을 정도였다! 그와 함께 이야기를 나누는 순간에도 우리는, 주님께서 "그들을 축복하시는 가운데, 그들에게서 떠나 하늘로 올라가셨다."(루가 24:51)고 했듯이, 그도 하늘로 들어올려질 것이라고 믿었다. 하지만 다른 일로 인해 그런 일은 일어나지 않았다. 사실, 영적 삶의 문제에 대해 말할 때 우리 안에서 일어난 통회(痛悔, compunction)는 다볼 산에서 제자들을 사로잡았던 두려움에 비교될 수 있는 것이었다.

> 이 말이 채 끝나기도 전에 빛나는 구름이 그들을 덮더니 구름 속에서 "이는 내 사랑하는 아들, 내 마음에 드는 아들이니 너희는 그의 말을 들어라." 하는 소리가 들려왔다. 이 소리를 듣고 제자들은 너무도 두려워서 땅에 엎드렸다. (마태오 17:5~6)

우리가 그 분과 대화하면, 금세 성령께서 임재하신다. 성령은 당신을 감싸 안고 당신을 뒤덮는다. 두려움이 당신을 사로잡지만, 희망과 기다림 또한 솟아오른다. 거룩한 금욕가가 당신에게 아주 간결하고 단순한 말로 말할 때, 당신은 산에서 혹은 바닷가에서 제자들에게 말씀하시던 그리스도를 상기하게 될 것이다. 실제로, 거룩한 금욕가는 관상의 산, 영원의 바다, 인간사의 모든 우연성을 뛰어 넘는 곳, 당신의 존재를 넘어서는 그곳에서 당신에게 말하고 있는 것이다.

어느 날 나는 이 영적 아버지를 찾아갔다. 나는 그가 진정한 신학자라는 것을 알고 있었다. 그는 하느님에 대해 많이 아는 사람은 아니었다. 하지만 그는 대부분의 사람들에게는 다가갈 수 없는 경지인 "하느님을 아는" 사람이었다.

> 사실 '하느님을 아는 것'(신학)은 접근조차 할 수 없는 가파른 절벽으로 이루어진 산이다. 많은 사람들은 겨우 그 산 발꿈치에 이를 수 있을 뿐이다. (니싸의 성 그레고리오스, 『모세의 생애』)

단지 모세만이 하느님을 볼 수 있는 산 위에 오를 수 있었고 또 하느님을 볼 수 있었다. 그러므로 나는 이 영적 아버지야말로 모세처럼 하느님을 본 사람이었다는 것을 알게 되었다. 처음에 나는 당황스러웠다. "도대체 그에게 무슨 말을 해야 할까? 그와 나 사이에 어떤 일치점을 찾을 수 있을까? 또 어떤 공통점이 있을까?" 하고 생각했다. 우리는 겨우 실천 철학의 첫 번째 단계에 있는데 반해, 그는 자연 관상을 넘어서서 신비 신학, 즉 결코 지워지지 않는 앎에 도달한 이였다. 우리는 정욕으로 가득 차 있지만 그는 순금 옥좌이고, 우리는 지옥이지만 그는 낙원이다.

그럼에도 불구하고, 대화를 나누는 동안 금욕가는 그 높은 곳에서 내려왔고, 대신 나를 위로 끌어 올렸다. 그는 벌거숭이가 되고 대신 나를 부유하게 채워주었다!

> "그리스도께서는 부요하셨지만 여러분을 위하여 가난하게 되셨습니다. 그분이 가난해지심으로써 여러분은 오히려 부유하게 되었습니다!" (II 고린토 8:9)

연합은 언제나 둘 다 (자기 자신으로부터) 나올 것을 요구하듯이, 하느님과의 연합 또한 마찬가지이다. 그것은 하느님과 사람이 그 자신으로부터 나오는 것이다. 바로 이것이 하느님의 사랑이 지닌 특별한 표시이다. "신학자들은 하느님의 사랑을 '에로스' 혹은 '아가페'나, 에로스의 대상 혹은 아가페의 대상이라고 부른다. 그렇기 때문에 에로스 혹은 아가페로서의 하느님의 사랑은 언제나 살아·움직인다. 에로스의 대상 혹은 아가페의 대상으로서의 하느님의 사랑은 에로스나 아가페에 합당한 모든 것들을 자신에게로 끌어당긴

다. (성 막시모스)

좀 더 뒤에서 막시모스는 또 이렇게 말한다.

> 하느님의 사랑은 탈아(脫我)적이다. 왜냐하면 하느님의 사랑은 사랑하는 이들이 그들 자신이 아니라 그들이 사랑하는 이들을 사랑하게 하시기 때문이다. 보다 높은 데 있는 것은 보다 낮은 데 있는 것을 배려하고, 동등한 위치에 있는 것은 상호 결속을 더욱 강하게 하며, 낮은 데 있는 것은 엄숙하게 그 첫째 되는 것들을 향해 돌아선다.

나는 이 대화의 전 과정을 내 기억 속에, 아니 내 마음 속에 간직하고 있다. 이제 내가 그를 어떻게 만났는지, 또 그와 무슨 이야기를 나누었는지를 소개하겠다.

나의 다볼산 등정

 이 다볼산 등정이, 세상의 모든 유혹과 기쁨을 포기하겠노라고 영웅적인 결정을 내린 사람들, 또 금욕의 길을 선택하고 이를 실천에 옮긴 사람들에게는 기쁨 그 자체이겠지만, 우리처럼 믿음이 부족한 사람에게는 너무나 고통스러운 것이다. 그래서 나는 성 요한 크리소스토모스의 다음과 같은 말을 적용해 보기 위해 아토스 성산의 북쪽 사면을 따라 등정했다.

> 당신의 열망이 아직 식지 않고 숯처럼 이글거린다면, 천사들에게로 가서 그 불씨를 살려내라. 왜냐하면 그 불을 살려내는 것은 수많은 이야기가 아니라 실제 현실을 눈으로 보는 것이기 때문이다.

 나는 등을 구부리고 입술로, 마음으로, 또 영으로 기도하면서 걸었다. 왜냐하면 그저 이와 같은 단순한 순례자의 감정과 자세야말로 거룩한 산을 방문하는데 제격이기 때문이다. 오솔길에서 멀지 않은 바위들 틈에서 우리는 은수도승의 수도처인 작은 암자들을 쉽게 발견할 수 있었다. 어떤 것은 암벽의 움푹 파인 굴이었고, 또 어떤 것은 마치 당장이라도 바다로 떨어질 것 같이 절벽에 위태롭게 걸쳐 있었다. 바로 이 동굴 속에 '헤지키아'(고요함)라는 아주 감미로운 꿀을 만들어내는 영적인 벌이 살고 있는 것이다. 나는 성 니코데모가 거룩한 산의 영적 아버지들을 위해 지은 찬양시를 떠올리고는 입으로 흥얼거리기 시작했다.

> 오, 하느님께서 모으신 벌떼여! 영적 거처인 거룩한 산의 토굴과 암벽 틈 사이에 숨어 헤지키아의 감미로운 꿀을 생산하는 이들이여!

카룰리아(Karoulia)라고 불리는 거룩한 산 북쪽 사면에도 이와 같은 동굴이 존재한다. 이곳의 지형은 무엇과도 비교할 수 없을 만큼 인상적이다.

> 녹이 슨 것 같은 붉은 반점으로 가득한 암벽 표면에, 질식할 듯이 높은 곳에, 심지어는 암벽 꼭대기에 수많은 거처가 수놓아져 있다. 어떤 것은 입구가 벽으로 막혀 오직 자그마한 문만을 남겨 놓은 동굴이다. 다른 곳은 바위의 돌출부 위에, 어떤 용맹스런 은수도승에 의해 지어졌을 둥근 천장을 갖춘 아주 작은 교회당과 한 두 개의 방이 있었고, 또 흙을 돋우어 만든 작은 정원에는 붉은 꽃을 가진 경이로운 관목이 자라고 있어서 아주 이국적인 풍경을 자아내었다. 금욕가들은 바다에서는 알아볼 수조차 없는 아주 험난한 오솔길을 통해 서로 왕래한다. 하지만 그곳을 오르는 것은 대단한 각오가 없으면 불가능하다. 몇 년 동안 자그마한 울타리에서 한 발자국도 나가지 않은 금욕가도 많다. 이런 이유로, 그나마 공간이 좀 여유로운 은둔 암자에는 작은 무덤이 쉽게 눈에 띄고, 동굴에서 형제들의 유

골을 보존하는 유골함을 어렵지 않게 발견할 수 있다. 두개골 각각에는 이마에 이름과 사망일이 새겨져 있다.

이런 것들은 이곳에 살다가 지금은 침묵과 헤지키아 안에 고이 잠든 교부들의 생생한 모습들을 기억하고 보존한다. 그들은 천사의 우렁찬 합창이 울려 퍼지는 가운데 임하실 신랑을 기다린다. 그때가 되면 그들은 결정적으로 이 세상과 이 세상에 속한 모든 것을 마음에서 다시 한번 끊어낼 것이다. 그들은 마음의 고요를 얻기 위해 평생 싸우며 이곳에서 살았고, 그 고요를 얻었다. 지금 그들은 아브라함의 품에 안겨 쉬고 있다. "그는 죽은 것이 아니라 자는 것이다."라는 그리스도의 음성이 이 외딴 곳에서 강하게 울려 퍼지고 있다.

어디선가 둔탁한 소리가 들려 왔다. 그래서 소리가 들려온 곳으로 가보니 암자에서 한 은수도승이 평화로이 커다란 바위를 깨기 위해 힘을 쓰고 있었다.

"아버지, 축복해 주십시오."

"주님께서", 그는 대답했다.

거룩한 산에서는 이렇게 인사한다. 축복해주길 간청하면, 그들은 이렇게 대답한다.

"주님께서 당신에게 강복하시길."

그들은 영적 삶에서 그리스도의 중요성과 그들 자신의 무능력을 기꺼이 승인한다. 주님은 그들의 소망이자 간절한 향수이다. 그들은 그리스도의 현존 안에서 살아가기에 자주 그리스도의 이름을 반복하여 부른다. "잠자게도 하고 일어나게도 하며, 하느님의 성령의 위로로 마음을 부드럽게 하고 즐겁게 하는 분이 바로 그리스도이다."

"아버지, 그런데 거기서 무엇을 하십니까?"
"나의 아들이여, 식수를 얻기 위해 바위를 쪼아 빗물받이를 만들고 있답니다. 작년에는 갈증으로 몹시 고생을 했거든요."
"하지만 그것은 아주 힘든 일 같아 보이는군요. 더군다나 필요한 연장조차 제대로 갖추지 못했으니 말입니다."
"그러면 내가 어찌 해야 한단 말인가요? 내 몸은 물이 필요하니, 주님께서 도와주시겠지요. 이곳 광야에서는 약간의 물 말고는 아무 것도 필요 없답니다. 자, 방으로 들어가 축복해주시지요."

내가! 축복을 가득 받은 이의 방을 내가 축복하다니! 하고 나는 생각했다. 죄 많은 내가 정화된 이를 축복하다니!

나는 깊은 존경심과 겸손한 마음으로 그의 방에 들어갔다. 왜냐하면 은수도승의 방에 들어갈 때는 마치 신비스런 곳에 들어가듯 두려움을 가져야 하기 때문이다. 방은 깨끗하지도 잘 정돈되지도 않았다. 하지만 그런 것들은 영적 경주자들에게는 시시콜콜한 것에 지나지 않는다. 어떻게 그 모든 것을 처리할 시간이 있겠는가? 은수도승은 사랑의 접대로 약간의 물과 루쿰(loukoum, 향료가 가미된 사탕과자) 하나를 건네주었다. 진지하고 참된 사랑이

무엇인지 이해할 수 있는 곳이 바로 이곳 광야이다. 약간의 물과 사탕과자가 담긴 작은 접시에 한 수도승의 모든 사랑이 담겨있었다. 수도승은 당신에게 모든 것을 준다.

"세상에서 올라오셨나요?"
"예."
"세상은 어떻게 돌아가고 있나요?"

거룩한 산에서 흔히 들을 수 있는 질문이다. 하지만 그것은 특별한 의미를 지닌다. 왜냐하면 질문을 던진 수도승은 이미 50년 전에 '해로운' 세상을 떠났고 다시는 돌아가지 않았기 때문이다. 금욕가는 세상이 어떻게 돌아가는지 잘 알고 있다. 세상은 하느님의 창조물인 동시에 악마의 환상이다. 사탄은 피조물을 이용해서 아담을 속이지 않았는가? 또 우리들에게 이르기까지 얼마나 많은 사람을 속여 왔는가?

"영적 아버지, 세상은 정말 하느님을 떠나버렸습니다. 하느님을 조금도 기억하지 못하고, 또 두려워하지도 않고 살아간답니다. 교회는 점점 비어가고 악마의 소굴은 차고 넘친답니다. 영적인 사람들은 무시당하고 기피당하지만 정신 병원은 차고 넘치지요. 일에 대한 강박관념에 빠져 허우적대니, 관심거리라고는 모두 다 세상적인 것뿐이랍니다. 오늘은 선거가 있고, 내일은 정부가 물러나고, 모레는 국회 회기가 시작되고, 등등 말입니다. 사람들은 신문이나 읽지 더 이상 성경은 읽지도 않고 알지도 못합니다. 목을 조여 오는 사탄의 방송에는 몇 시간이고 혼을 빼앗기지만 성인들의 삶은 거들떠보지도 않습니다."

"정말 불행한 세상이로군요!" 금욕가가 말했다. "사탄이 세상을 지배하고 있어요! 사탄은 예수님을 기억하지 못하도록 관심을 흩어놓기 위해 매일 매일 여러 가지 사건을 만들어내고 있지요. 자신을, 자기 내부의 상처를 처다보지 않으려고 세상은 다른 것에 정신이 팔려있는 게지요. 이렇게 미리 도망쳐 버리는 것이 그대가 말한 강박관념을 만들어 내지요. 아담이 죄를 지었을 때, 그는 하느님을 피해 달아나 숨어버렸지요. 바로 여기서 모든 불행이 시작된 겁니다. 오늘날도 마찬가지지요. 나는 오랜 시간, 세상의 구원을 위해 기도한답니다.

> '주 예수 그리스도여, 당신이 창조하신 세상과 이 죄인을 불쌍히 여기소서.'

하느님께서 세상을 용서해주시길 밤을 새워 기도한답니다. 이것이 바로 혼란스런 이 세상에서 우리에게 주어진 사명이지요. 증인이 되어야 할 임무가 우리에게 주어졌단 말입니다. …"

은수도승은 나에게 많은 이야기를 해주었다. 거룩한 산을 방문할 때마다 우리는 이와 같은 현자를 만난다. 나는 '잊지 말고 나를 위해 기도해 달라.'고 간청하면서 그에게 감사드리고 축복 기도를 부탁했다. 나는 깊은 사색에 빠져 그의 방을 나섰다. 은

수도승의 방은 이제 그의 무덤이다. 그곳에서 그는 참 생명으로 다시 부활할 것이다.

나의 영적 아버지이신 은수도승을 만나다

나는 다시 더 높은 곳을 향해, 나의 변모산을 향해, 길을 재촉했다. 얼마 후 나는 방문하고자 했던 암자에 힘겹게 도착했다! 나는 숨을 가다듬기 위해 잠시 멈추어 섰다. 거룩한 은수도승의 암자는 신비로운 곳 그 이상이다. 그곳은 '천상에 속한 곳'이라고 나는 생각했다. 이곳에 살면서 헤지키아와 기도에 전념하는 사람은 그리스도의 사도이다. 성 그레고리오스 팔라마스는 살로니키의 그리스도인들에게 행한 한 설교에서 다음과 같이 말했다.

> 오늘 성경 말씀은 부활의 일요일에 다른 사도들과 함께 있지 않았기 때문에 부활하신 주님을 볼 수 없었던 사도 토마의 예로 시작합니다. 하지만 "팔 일이 지난 후에" 그는 사도들과 함께 있었고, 그래서 "그는 주님을 보았습니다." 하느님의 거룩한 이는 이렇게 권고합니다. 주일날 성만찬 예배가 끝나면, "헤지키아 기도와 시편 응송과 합당한 삶을 통해서 최선을 다해 주님을 열망하며 살려고 노력함으로써 사도들을 본받아 사는 사람들을 주의 깊게 찾아보

십시오. 그를 찾아갈 때는, 신뢰의 감정을 가지고 성령의 성화시키는 능력이 가득한 천상에 들어서듯 그의 암자에 들어가십시오. 그리고는 그곳에 사는 이와 함께 앉아서 될 수 있는 한 오래도록 그와 함께 머물며 겸손히 질문도 하고 또 중보 기도를 부탁하기도 하면서 하느님과 신적인 것에 대해 대화를 나누십시오. 그러면 분명히 그리스도께서 당신에게 오실 것입니다. 눈에 보이지 않게 으셔서, 거룩한 사색을 즐기는 이의 영혼에 평화를 가져다주고, 믿음을 더해주고, 지팡이가 되어 주며, 장차 하느님 나라가 임할 때 하느님의 선택된 백성 가운데 그를 꼽아 주실 것입니다."

그래서 나는 성인의 권고를 따라 마치 천상을 바라보듯 하며 암자로 다가갔다. 문득 영적 아버지가 그리스도의 사도라는 느낌이 들었다. 부활하신 그리스도를 본 후 지금은 예루살렘의 다락방에 거하고 있는 듯이 말이다. 그러므로 그는 하느님의 본질은 아니지만 하느님의 창조되지 않은 에너지를 보았고 또 그것에 참여한 사람이다.

> 하느님을 본 자는 하느님께 속한 모든 것, 신적 본질을 제외한 그 밖의 모든 것을 은총을 통해 소유한다. (성 그레고리오스 팔라마스)

그 자신 하느님을 본 자인 성 그레고리오스가 이렇게 규정했다면, 내가 이 영적 아버지를 달리 어떻게 생각할 수 있겠는가? 토마처럼 나는 주님을 보고 싶은 열망을 가지고 있었다. 그래서 나는 지극한 겸손과 참회의 마음으로 이 열망에 대해 영적 아버지께 묻고 또 그가 말하는 것을 실천하기로 결심했다. 독자들은 그것을 잘 이해하게 될 것이다. 하느님과 신적인 것들에 대한 이 대화 덕분에 나는 마음속에 깊은 평화를 얻게 되었다.

"축복해 주십시오."
"주님께서 … "
"가능하다면 영적 아버지를 만나고 싶습니다. 그분은 바쁘신가요?"

암자를 방문할 때는 늘 조심스러워야 한다. 혹시 기도 중인데 방해가 되는 것은 아닐까? 은수도승이 다볼 산의 신비경에 잠겨 있을 수도 있지 않는가? 그렇다면 억지로 은수도승을 지상의 혼잡스러움 속으로 끌어내릴 수도 있겠기에 말이다. 은수도승에게 말을 거는 것처럼 고통스러운 것은 없다. 우리의 불경스러움이 그를 거북스럽게 하기 때문이 아니라 그것이 다볼 산에서 내려와 달라고 외치는 것이 될 수도 있기 때문이다. 하지만 그것은 우리 자신에게는 더없이 큰 복이다. 왜냐하면 그는 거룩한 신적 향기로 당신을 가득 채울 것이며, 자신의 빛으로 당신을 눈멀게 할 것이기 때문이다. 시나이 산에서 내려올 때 눈부신 광채를 띠어 이스라엘 사람들은 쳐다볼 수조차 없었던 모세처럼, 불가마에서 나온 시뻘건 쇠처럼, "그는 마치 불에 활활 타올랐던 것처럼 기도에서 빠져나왔다."(성 그레고리오스 팔라마스) 우리는 '불멸의 향기'를 느낀다.

"제가 여쭈어 보겠습니다." 제자가 대답했다. 잠시 후 그가 돌아왔다.

"아버지께서는 지금 편찮으신 몸입니다. 하지만 신부님을 만나기 위해 일어나시겠답니다. 그러니 들어오십시오."

나는 잠시 이 젊은 수도승과 함께 앉아 있었다. 이렇게 거칠고 혹심한 곳에서 살아가는 젊은 수도승의 현존, 그의 삶, 그의 젊음이 나를 감동케 했다. 나는 그를 알지 못한다. 하지만 그는 나에게 아주 경이로운 인상을 심어주었다.

"이곳에서 많은 분들이 수도하고 계십니까?" 나는 물었다.
"영적 아버지와 세 명의 제자들이 생활하고 있습니다."
"내가 줄곧 관심을 두고 있는 몇 가지 일에 대해서 말씀드리고 싶습니다. 이 광야에 온 것도 바로 그것을 위해서입니다."
"정말 잘 오셨습니다. 순례자들은 바로 그런 마음을 가지고 이곳에 와야 합니다! 어떤 이들은 그저 얄팍한 호기심으로 이곳을 방문합니다. 그들은 그냥 지나치듯 영적 아버지를 만나러 옵니다. 그리고는 이곳에서 본 것을 자랑합니다. … 영적 아버지는 이런 사람들을 아주 피곤해 하십니다. 그들에게서 마치 동물원을 방문한 사람이나 여행객과 같은 인상을 받기 때문입니다. 하지만 여러분이 관심을 가지고 영적인 질문을 여쭙는 것은 아주 좋아하십니다. 그리고 먼저 알아두어야 할 것은 이곳에서는 이론을 들을 수 없다는 것입니다. 이곳에서 말하는 것은 도두 체험에서 우러나오는 것입니다. 영적 아버지께서는 그것들을 삶 속에서 늘 경험하면서 살지요. 그리고 그 중의 얼마간을 방문객들의 유익을 위해 말해주십니다."

그가 말을 마치자마자 영적 아버지가 나타났다. 갑자기 지평선을 뚫고 떠오르는 태양처럼! 은총의 용솟음처럼! 환희를 터뜨리는 봄처럼! 어둠을 밝히는 불꽃처럼! 그의 흰 수염은 마치 강물처럼 그의 얼굴에 흘러내린다. 그의 눈은 꿰뚫는 듯하고 반짝반짝 빛난다. 나는 그같이 변모된 눈빛을 본 적이 거의 없다. 성 그레고리오스 팔라마스는 다볼 산에서 사도들이 창조되지 않은 빛을 볼 수 있었던 것은 그 전에 이미 성령의 능력으로 그들의 눈이 변화되었기 때문이라고 말한다.

> 당신은 그 분(변화된 그리스도)을 보았는가? 이 빛 앞에서 평범한 사람의 눈은 아무것도 보지 못한다. 그러므로 이 빛은 감각적인 것이 아니다. 단순한 사람들의 감각적인 눈으로는 결코 볼 수 없다. 오직 성령의 능력으로 변화된 눈으로만 볼 수 있다. 그들은 변화되었다. 그래서 그들은 주님의 변모를 볼 수 있었다. 하지만 그 변모 자체가 아니라 하느님 말씀과의 연합을 통해 우리 인간의 몸이 하느님으로부터 덤으로 받게 된 변모를 본 것이다.

실제로 이 영적 아버지는 다볼 산의 그 빛을 본 후로 변화된 눈빛을 가지게 되었다. 이 변화는 금방 알아볼 수 있었고 보기에 너무 아름다웠다.

"축복해주십시오."

나는 허리를 깊이 숙여 '참회의 절'을 한 후, 수 없는 참회의 절을 올린 흔적이 역역한 그의 복된 손에 입 맞추면서 말했다. 하지만 그는 나보다 더 깊이 허리를 숙였고 먼저 나의 손에 입 맞추었다. 나는 너무도 당황스러웠다.

"영적 아버지시여, 어찌 나에게 이러십니까? 하느님의 무익한 종이요, 당신의 양일 뿐인 나에게 말입니다."
"하지만 그대는 사제가 아닙니까. 하느님의 은총을 소유한 사제 말입니다. 내가 그대보다 더 가진 것이 무엇이란 말입니까?"
"우리는 '해악으로 가득 찬' 세상에서 살아가는 존재입니다. 우리는 죄로 가득 찼지만, 광야에서 하느님의 은총을 누리고 있는 당신들은 하느님의 성전이 되었고, 왕의 찬란한 보좌가 되었고, 불타는 헤루빔이 되지 않았습니까? 당신들은 '그리스도의 지성을 소유하기 위해 성경을 마음 판에 세 번씩이나 새긴' 분들이며, 그리하여 '영으로는 그리스도의 거처'가 되지 않았습니까?(신학자 성 그레고리오스) 그런데 어찌 나에게 이러십니까?"

나는 항복이라도 한 사람처럼 불편한 마음을 털어놓았다. 하지만 사실은 그의 거룩함과 겸손함에 나는 정복되고 말았다. 사람들을 대할 때 우리는 수많은 말보다 단순한 겸손이 더 마음을 뜨겁게 함을 느끼지 않는가! 우리는 수많은 비판보다 사랑에 의해 전복되지 않는가!

그는 머리를 숙이며 말했다. "내 보기에 그대는 이 광야의 정신세계를 모르는 것 같군요. 가장 큰 특징 중 하나가 바로 죄인이라는 자각입니다. 우리는 매일 자기 자신을 살피면서 자기 안에 가득 찬 죄의 상황들, 악마의 충동질을 발견합니다. 그래서 자기 자신이야말로 진정 죄인 중의 가장 큰 죄인이라고 느낍니다. 신부님, 나를 믿어주길 바랍니다. 내 방에 들어서는 사람은 그 누구나 나보다 더 거룩합니다. 모두가 하느님의 천사입니다."

나는 아무 말도 하지 않았다. 그는 사랑스럽게 내 손을 잡고 마치 병약한 이를 인도하듯 조심스럽고 자상하게 나를 소성당으로 안내했다. 이 순간 나는 나 자신이 눈부신 태양 빛 앞에 선 소경이요, 거인 앞에 선 난쟁이요, 노련하고 지혜로운 노인 앞에 선 어린 아이와 같다고 느꼈다! 그의 행동은 잠시 후 그가 취할 또 다른 행위를 예고하는 것이었다. 오! 그와 함께 있을 때 느낀 안도감! 헤아릴 수 없는 은총! 나는 지금도 그 손의 온기를 느끼고 있다.

우리는 몸을 굽혀야만 들어갈 수 있는 두 개의 문을 지났다. 이곳에서는 모든 것이 우리를 겸손하게 만든다. 은수도승의 방에 들어가려면 누구든 몸을 굽히지 않을 수 없다. 과거에 우리가 어떤 사람이었건 또 현재 어떤 사람이건 간에 그런 것은 잊어버려야 한다. 교만한 자와 이기주의자는 이곳에 들어설 수 없다. 우리는 소성당에 들어갔다. 나는 성상벽의 이콘들과 지성소의 성스러운 제단에 입 맞추고 절을 했다. 그 동안 은수도승은 소

성당 수호 성인의 아뽈리띠키온(찬양송)을 부르며 등잔에 불을 밝혔다. 어떤 수도원이나 암자를 방문하든 간에 제일 먼저 요구되는 것은 교회의 이콘들에 경애를 표하는 것이며, 처음으로 우리에게 제시되는 우애의 표시는 성해(聖骸, 성인의 유골)에 경의를 표할 수 있도록 해주는 것이다. 성해는 가난한 암자에서 가장 중요한 것이기도 하다. 그것이야말로 그 곳의 부요함이다! 지극한 신심으로 보존해온 성인의 유골은 그들이 비록 세상을 떠났지만 '은총으로' 여전히 그곳에 현존하고 있음을 보여준다. 성인의 영혼이 육체를 떠나 안식에 들 때 몸 전체가 하느님의 은총을 받는다. 성해를 통해 기적이 일어나고 향기로운 냄새가 나는 것은 이를 잘 설명해 준다.(신신학자 성 시메온) 이 소성당에서 영적 아버지와 그 제자들은 날마다 주님의 은덕을 입고 신비스런 섣만찬에 참여한다.

그런 후 은수도승은 나를 암자 한 구석으로 인도하면서, 초라하기 짝이 없은 그곳이 자신의 거실이라고 말했다. 몇 개의 의자와 벽 틈에 꽂힌 교부들의 책 몇 권이 전부였다. 『필로칼리아』, 『교부 금언집』, 『시리아인 성 이삭』, 『시리아인 성 에프렘』, 『성 그레고리오스 팔라마스』 등등. 우리는 두 개의 의자에 각각 앉았다. 은수도승은 자기 옆에 나를 앉게 하고는 침묵에 들어갔다. 분명 그는 하느님께서 나에게 빛을 비추시어 나 자신을 밝히 드러낼 수 있게 해달라고, 또 그 자신도 하느님의 빛에 조명되어 합당한 말을 하게 해 달라고 기도했음에 틀림없다.

기도에 관해 영적 아버지와 나눈 대화

나는 낮은 음성으로 말하기 시작했다. "영적 아버지여, 지금 이 순간 아주 커다란 열망이 나를 사로잡습니다. 그것을 내 안에 심어준 분은 바로 하느님이라고 나는 믿습니다. 나는 내 안에서 정욕이 활개 치는 것을 보고 있습니다. 내 마음은 마치 야수가 우글거리는 정글 같습니다. 악마가 그들의 우두머리가 되어, 원하는 것이면 무엇이든 행합니다. 나는 정말 이 끔찍한 상황을 변화시키고 싶습니다. 내 영혼을 온전히 하느님께 내놓아 하느님께서 빛을 비추어 주시기를 바라고 있습니다. 내 영혼이 하느님께 속하기를 진정으로 바랍니다. 악마와 사탄은 내 영혼을 황폐하게 만들었습니다. 그래서 나는 정화되기를 원합니다! 그러니 나에게 그 길을 가르쳐 주십시오. 나는 그 길을 따를 준비가 되어 있습니다. 아버지께서 나에게 말씀하는 것이라면 무엇이든 조건 없이 순종할 준비가 되어 있습니다."

나는 나지막한 음성으로 시작했지만 나중엔 감정이 격해진 상

태에서 말을 맺었다. 마지막에 가서는 내 음성이 어찌나 컸던지 아마도 은수도승에게는 그 말이 마치 천둥소리처럼 들렸을 것이다. 그는 잠시 침묵을 지켰다. 그러고 나서 그는 오직 수도승들만이 보여줄 수 있는 사랑이 넘치는 눈빛으로 나를 쳐다보았다. 그는 이런 근심이 오히려 복된 것이기에 그로 인해 더 이상 근심해서는 안 된다는 듯한 인상을 내게 던져주었다.

그는 말했다. "그대가 그와 같은 상태 속에서 살아갈 때도, 성령께서는 그대와 우리 안에 살아계셔서 역사하십니다. 우리는 하느님 관상을 향한 길을 걸어가기 시작했습니다. 그것은 첫 발자국입니다. 창조되지 않은 빛에 대한 완전한 관상은 그 빛으로 인해 우리 영혼이 환희에 차게 되는 것이고, 회개와 죄에 대한 자각은 영혼의 불입니다. 그러므로 영혼을 정욕으로부터 정화하려는 열망과 회개는 그 때가 바로 은총의 시간임을 보여줍니다. 왜냐하면 오직 은총이 우리 안에 들어올 때만 우리는 우리 자신의 불행과 우리가 얼마나 하느님으로부터 멀리 떨어져 있는가를 느끼게 되고 그래서 우리 자신을 하느님과 연합시키기 위해 분투하게 됩니다. 하느님의 은총이 우리에게 오지 않는다면 우리는 그와 같은 생각도 그와 같은 열망도 가질 수가 없습니다."

은수도승은 정말 지혜로운 안내자요, 경험 많은 영성가요, 참으로 '은총이 가득한' 사람임에 틀림없다. 그는 훌륭한 의사처럼 안심시킬 줄 알고, 안도하게 할 줄 알고, 또 부드러운 처방을 내릴 줄 안다. 그것은 우리를 이기주의 안에서 자족하게 하기 위한 것이 아니라 해방과 치유를 통해 우리가 진보할 수 있게 해주기 위해서이다.

그는 다시 말을 이어갔다. "여러 가지 방법, 아니 아주 간단한 한 가지 방법에 대해 말하기 전에, 이 점에 관해서 좀더 명확하게 설명해야겠군요. 내가 그대에게 아주 무거운 짐을 지우려 할 것이라고 생각하지는 마십시오. 오직 '주 예수 그리스도, 하느님의 아들이시여, 나를 불쌍히 여기소서!'라는 '예수기도'만으로도 우리의 영혼을 정화할 수 있고, 우리 구세주 하느님을 쉬지 않고 부를 수 있게 합니다. 예수의 이름을 부르고 그와 연합하는 곳에 우리의 구원이 있습니다. 그분이 오셔서 우리를 고쳐주시도록 그분을 쉬지 않고 부르는 것이면 족합니다. 우리가 병자처럼 신음하면 사랑이 넘치는 의사이신 그분이 우리를 도우러 오십니다. '강도들의 수중에' 떨어진 행인처럼 우리는 소리 질러 도움을 구합니다. 그러면 선한 사마리아 사람이 와서 우리의 상처를 씻어주고 여관까지 우리를 데려다 줍니다. 다시 말해 우리 존재를 온통 불로 뜨겁게 할 빛의 관상으로 우리를 인도합니다. 하느님께서 우리 마음속에 오실 때, 악마는 정복되고 악마가 만들어 놓은 불결한 것들은 청소됩니다. 그러므로 악마에 대한 승리는 우리를 통해 이루신 그리스도의 승리입니다. 우리는 그저 사람에게 주어진 일, 즉 그리스도를 부르는 일만 할뿐입니다. 그리고 그리스도께서는 하느님께 속한 일, 즉 악마를 쳐부수고 절단 내

는 일을 하십시오. 그러므로 하느님께 속한 일을 하려 욕심 부리지 마십시오. 사람에게 속한 일을 하느님께서 해주시리라 기대하지도 마십시오. 우리가 사람이 해야 할 일, 즉 기도의 임무를 완수할 때, 하느님께서도 그분의 일, 즉 구원을 이루신다는 것을 잘 이해하십시오. 교회 안에서 행해지는 모든 일은 이렇게 '하느님과 인간'의 공동 작품입니다."

기도의 가치

"제가 잘 이해했는지 모르지만, 이것은 특별히 금욕, 절제, 예수기도의 결과라고 생각됩니다. 하지만 한 가지 질문이 있습니다. 제가 그걸 믿는 것은 아니지만, 오늘날 많은 사람들은 '은총이 가득한 기도'와 또 이 기도에 이르는 수단이 동양 종교에서 모방한 그리스도교적 요가라고 주장하는 것을 듣게 됩니다. 이 점에 관해서 어떻게 생각하시는지요?"

"내 생각에, 그렇게 말하는 사람들은 우리 교회의 카리스마(은총, 은사)에 대해 완전히 무지한 사람들입니다. '기도'를 통해서 우리가 얻게 되는 것은 은총입니다. 그들은 그것을 알지 못합니다. 왜냐하면 그들은 그것을 결코 체험하지 못했기 때문입니다. 그러니 그들은 그런 체험을 한 사람들을 비난하거나 비판할 처지가 못 되는 것이지요. 그들은 또한 우리의 거룩한 교부들을 모욕합니다. 많은 교부들이 그 체험을 위해 분투했고, 또 그 체험의 존귀함을 끈질기게 옹호했습니다. 그들의 생각이 오류였을까요? 성 그레고리오스 팔라마스가 오류를 저질렀을까요? 그런 생각을 가진 사람들은 성경도 알지 못합니다. '예수여, 나를 불쌍히 여기소서.'라는 말과 동일한 의미를 지닌 '다윗의 자손이여, 나를 불쌍히 여기소서.'라는 구절은 소경들의 외침이었는데, 그들 모두 빛을 되찾았습니다. 또 이 구절은 문둥병자들의 외침이기도 했는데, 그들 또한 고침을 받았습니다. '주 예수 그리스도, 하느님의 아들이시여, 나를 불쌍히 여기소서.'라는 기도는 두 가지 핵심을 포함합니다. 교리적인 차원에서 볼 때, 이 기도는 그리스도의 신성을 고백합니다. 또 기도의 차원에서 볼 때, 그것은 그리스도께 우리의 구원을 간청합니다. 예수 그리스도가 '하느님 - 인간'이시라는 신앙 고백은 우리에게는 우리 자신을 구원할 아무런 능력도 없다는 고백과 연결됩니다. 그 안에 모든 말이 들어있습니다. 그리스도인의 모든 싸움은 바로 이 두 가지 핵심, 즉 예수 그리스도의 '하느님 - 인간'이심에 대한 믿음과 우리가 죄인이라는 사실에 대한 자각에 기초해 있습니다. 이렇게 이 기도는 신자가 할 수 있는 모든 노력을 단 한 줄 안에 포함하고 있으며, 우리 정교회의 교리 전체를 요약하고 있습니다.

기도를 통해서 우리는 이 두 가지 진리를 획득합니다. 성 막시모스는 교만의 충동은 하느님의 능력에 대한 무지와 인간의 나약함에 대한 무지라는 두 가지의 무지로 구성되어 있다고 설명합니다. 이 두 가지 무지가 '지혜의 혼돈'을 만들어냅니다. 그러므로 교만한 사람은 무지한 사람이며, 겸손한 사람은 이 두 가지 지식을 두루 갖춘 사람입니다. 그는 자기 자신의 무능과 그리스

도의 능력을 압니다. 예수기도로 우리는 그리스도의 능력('주 예수 그리스도, 하느님의 아들이시여')과 우리 자신의 무능('우리를 불쌍히 여기소서')을 승인합니다. 이렇게 해서 우리는 복된 겸손의 상태를 얻습니다. 겸손이 있는 곳에 또한 그리스도의 은총이 있으며, 이 은총이야말로 하느님 나라입니다. 이제 기도의 가치를 이해하시겠습니까? 기도의 능력으로 우리가 하느님 나라를 획득하게 된다는 사실을 이해하시겠습니까?"

"영적 아버지여, 정교인으로 살아가는 전제 조건은 그리스도를 지극히 거룩하신 삼위일체의 다른 두 위격과 분리하지 않는 것이라고 알고 있습니다. 그래서 전례에서도 자주 삼위일체를 호명하고 삼위일체께 영광을 드리는 것이며, 또 '모든 영광과 존귀와 경배를 성부와 성자와 성령께 이제와 항상 또 영원히 드리나이다.'라고 하거나 '우리 주 예수 그리스도의 은총과 하느님 아버지의 사랑과 성령의 친교가 여러분 모두에게 있기를 바라나이다.' 하면서 모든 기도를 마칩니다. 이런 점에서 볼 때, 성 삼위일체의 두 번째 위격에게만 드려지는 이 기도가 위와 같은 참된 가르침과 모순되는 것은 아닌지요?"

"절대로 그렇지 않습니다. 왜 그런지 설명해 드리지요. 이 기도는 '예수기도'라 불립니다. 하지만 그것은 삼위일체 하느님에 기초해 있습니다. 게다가 '거룩한 삼위일체의 한 분'이신 그리스도는 결코 성부와 성령 없이 존재하지 않습니다. 반대로 이 두 위격과 함께 동일한 본질을 가진 분리될 수 없는 삼위일체를 형성합니다. 그리스도론은 삼위일체론과 밀접하게 연결되어 있습니다. 다시 기도에 대해서 말씀드리겠습니다. 하늘 아버지께서는 한 천사를 통해 요셉에게 그리스도를 예수라고 이름 짓게 하였습니다.

> 마리아가 아들을 낳을 터이니 그 이름을 예수라 하여라.
> (마태오 1:21)

요셉은 하느님 아버지께 순종하여 동정녀의 아들을 예수라 불렀습니다. 또 사도 바울로에게 영감을 주신 성령의 깨우침에 따르면, "성령의 인도를 받지 않고서는 아무도 '예수는 주님이시다.' 하고 고백할 수 없습니다."(I 고린토 12:3)라고 했습니다. '주 예수 그리스도, 하느님의 아들이시여, 나를 불쌍히 여기소서'라고 기도함으로써, 우리는 성부 하느님을 고백하고 그분께 순종하지 않습니까? 더 나아가 성령의 에너지와 친교함을 경험하지 않습니까? 성령의 영감을 받은 교부들은 '성부께서는 성자를 통해 성령 안에서 모든 것을 만드신다.'고 우리에게 말합니다. 거룩한 삼위일체 전체가 세상을 창조하고 인간을 빚으신 것입니다. 또 거룩한 삼위일체 전체가 인간과 세상을 재창조하고 새롭게 하십니다.

'그것은 아버지의 마음에 들었다. 말씀이 성령의 능력으로 육신이 되시어, …' 다시 말해 그리스도의 육화는 성부의 선한 의지와 성령의 협력을 통해 이루어졌습니다. 그래서 우리는 인간이 구원받고 하느님의 은총을 받는 것은 지극히 거룩한 삼위일

체의 공동 사역이라고 말하는 것입니다. 당신에게 거룩한 교부들의 두 가지 특별한 가르침을 인용해 드리겠습니다.

신신학자 성 시메온은 '나는 문이다. 누구든지 나를 거쳐서 들어오면 안전할 뿐더러 마음대로 드나들며 좋은 풀을 먹을 수 있다.'(요한 10:9)라는 말씀처럼 '하느님의 아들이신 말씀의 육화는 구원의 문이다.'라고 말합니다. 그리스도가 문이라면, 성부 하느님은 집입니다.

> 내 아버지의 집에는 있을 곳이 많다. (요한 14:2)

그러므로 우리는 그리스도를 통해서 아버지께 갑니다. 이 문(그리스도)을 열기 위해서는 열쇠가 있어야 하는데, 그 열쇠가 바로 성령입니다. 왜냐하면 성령의 능력(에너지)을 통해서 우리는 진리이신 그리스도를 알게 되기 때문입니다. 아버지께서는 아들을 세상에 보내셨습니다. 하느님의 말씀이신 아들은 아버지를 드러냅니다. 아버지로부터 비롯되고 아들에 의해 보냄 받은 성령은 '우리 마음속에' 그리스도를 형성해 갑니다. 그러므로 우리는 '아들을 통해 성령 안에서' 아버지를 알게 되는 것입니다.

마찬가지로 성 막시모스도 그의 저작에서 자주 말씀의 신비스런 육화에 대해 말합니다.

> 율법과 예언자들의 말씀이 말씀의 육화 현존을 미리 예고하는 것이었듯이, 하느님의 말씀이신 성자의 육화는 그의 영적 현존의 전조(前兆)가 됩니다. 육화하신 성자께서는 … 친숙한 말씀들을 통해

서 우리의 영혼이 그 분의 명백한 '신적 현존'을 받아들이도록 준비시킵니다.

다른 말로 하자면, 그리스도가 우리 안에 육화되어야 한다는 것입니다. 왜냐하면 그렇지 않고는 우리는 결코 하늘에 있는 그의 영광을 볼 수 없기 때문입니다. 하지만 그리스도가 우리 안에서 육화하는 것은 아버지의 선한 의지와 성령의 협력으로 이루어집니다.

거룩한 삼위일체의 공동 사역이 어떻게 표현되는지, 또 우리가 주님께서 자신의 육화를 통해 드러내 보였던 위대한 신비를 어떻게 깨닫고 드러내야 할지 이제 이해하시겠습니까? 그러므로 예수기도를 무시하고 거부하는 사람은 아주 큰 오류를 범하는 것입니다. 왜냐하면 그가 부정하는 것은 바로 거룩한 삼위일체이기 때문입니다. 그런 사람은 성부 하느님께 불순종을 저지르게 되고, 성령의 조명을 받지 못하게 되고, 그리스도와의 참된 교제를 누릴 수 없게 됩니다. 그러니 우리는 그런 사람이 과연 참된 정교 신자일까 하고 의심할 수 있게 되는 것입니다."

"영적 아버지여, 제가 조금 전에 언급한, 기도와 요가수행 방법 사이의 이 차이점에 대해 좀 더 설명해주시고, 아버지의 위대한 체험에 입각해서 그 기도가 동양 종교들의 수행보다 월등함을 보여주시길 부탁드립니다."

"내 영적 아들이여, 이 문제는 너무나 중요합니다. 그에 관해

서는 말할 것이 너무 많습니다. 앞에서 내가 말한 것을 요약해 보면 몇 가지 분명한 점이 나옵니다.

첫재, 기도에는 세상을 만드시고 통치하시고 사랑하시는 하느님에 대한 신앙이 힘 있게 표현됩니다. 그것은 자신이 지으신 만물의 구원에 지극한 관심을 가지신 부드러우신 성부 하느님에 대한 신앙입니다. 구원은 '하느님 안에서' 얻어집니다. 그렇기 때문에 우리는 '나를 불쌍히 여기소서.'하고 그분께 간청하며 기도드리는 것입니다. 영적 기도의 경주자는 자력에 의한 허방, 자력의 의한 신화(神化)와는 아주 거리가 멉니다. 타락을 가져온 아담의 죄는 바로 이것이었습니다. 아담은 하느님께서 주신 것을 도외시하고 스스로 하느님이 되고자 했습니다. 그런데 구원은 사람들이 만들어낸 여러 신념 체계들이 말하듯 '자기 스스로, 자신으로부터' 얻어지는 것이 결코 아닙니다. 그것은 오직 '하느님 안에서' 얻어지는 것입니다.

둘째, 기도를 드릴 때, 우리는 비인격적인 어떤 신을 만나려고 몸부림치지 않습니다. 우리는 '절대 무(無)'를 향해 올라가려 하지도 않습니다. 우리의 기도는 인격적 하느님, 하느님-인간이신 예수에게로 집중됩니다. 그로부터 '주 예수 그리스도, 하느님의 아들이시여' 라는 기도 형식이 나옵니다. 하느님 안에서 신성과 인성, 즉 완전한 하느님이신 말씀과 완전한 인간이 서로 만납니다. '그리스도의 인성 안에는 하느님의 완전한 신성이 깃들어 있습니다.'(골로사이 2:9) 그렇기 때문에 정교회 수도원정신의 구원론만큼이나 그것의 인간론도 그리스도론과 밀접하게 연관되어 있는 것입니다. 우리는 그리스도를 사랑하고 그분의 계명을 지킵니다. 이 점에 아주 큰 중요성을 부여해야 합니다. 우리는 그리스도의 계명을 지키는데 투철합니다. 그리스도 자신이 '너희가 나를 사랑하면 내 계명을 지키게 될 것이다.'(요한 14:15)라고 말씀하셨기 때문입니다. 우리는 그리스도를 사랑하고 그분의 계명을 지킴으로써 삼위일체 하느님 전체와 연합합니다.

셋째, 쉬지 않고 드리는 영적 기도를 할 때, 우리는 교만의 상태에 빠져들지 않습니다. 앞서 말한 인간의 체계들은 분명 어떤 교만에 사로잡혀 있습니다. 하지만 '기도'를 통해서 우리가 얻는 것은 겸손이라는 복된 상태입니다. '나를 불쌍히 여기소서.'라고 말할 때, 우리는 다른 모든 이들보다도 못한 우리 자신을 봅니다. 그러니 우리는 형제 중 어느 누구도 얕잡아 보지 않습니다. 모든 교만은 기도의 경주자에게 아주 낯선 것입니다. 교만한 마음을 가진 사람은 그야말로 어리석은 사람입니다.

넷째, 이미 말했듯이, 구원은 어떤 추상적인 상태가 아닙니다. 그것은 우리 주 예수 그리스도의 '위격 안에서' 이루어지는 삼위일체 하느님과의 연합입니다. 하지만 구원에 있어서 인간의 기여가 배제되지는 않습니다. 우리가 그저 동화되어 사라지고 마는 것은 아니란 말입니다. 왜냐하면 우리들 또한 각각 고유한 인격이기 때문입니다.

다섯째, 기도의 길에서 우리는 오류를 식별할 수 있는 능력을 얻습니다. 우리는 그리스도의 에너지(능력)를 알아볼 뿐만 아니라 사탄의 활동도 보고 식별합니다. 다시 말해 우리는 때때로 빛의

천사 모습을 하고 나타나는 거짓의 영을 알아봅니다. 그러므로 우리는 선과 악을 식별하고, 창조되지 않은 것과 창조된 것을 식별합니다.

여섯째, 기도를 위한 싸움은 정욕의 파괴적인 영향으로부터 영혼과 육체를 정화시키는 일과 밀접하게 연결되어 있습니다. 우리는 스토아 철학의 평정심이 아니라, '역동적인 평정심', 다시 말해 정욕을 죽이는 것이 아니라 그것들의 변화를 열망합니다. '고요한 정열' 없이는 하느님을 사랑할 수도 구원받을 수도 없습니다. 그런데 이 사랑이 부패했고 본질을 잃어버렸습니다. 그렇기 때문에 우리는 그것의 변모를 추구하는 것입니다. 우리는 악마가 만들어 놓은 이 왜곡으로부터 우리 자신을 갱신시키기 위해 분투합니다. 그리스도의 은총의 도움에 힘입어 이와 같은 싸움을 행하지 않는다면 우리는 결코 구원받을 수 없습니다. 고백자 성 막시모스의 말을 빌리자면, '실천학이 없는 신학은 악마적'입니다.

일곱째, 기도할 때, 우리는 정신을 '절대 무'로 인도하려 하지 않습니다. 오히려 정신이 마음속으로 들어가게 하고, 하느님의 은총을 영혼에 운반해 와서 그 은총이 육체에 공급되게 하려고 합니다. '하느님 나라는 우리 안에 있다.'고 했습니다. 우리 교회의 가르침에 따르면, 육체는 결코 나쁜 것이 아닙니다. 나쁜 것은 육체의 교만입니다. 육체는 철학 체계가 말하는 '영혼의 옷'이 아닙니다. 벗어버려야 할 옷이 아니란 말입니다. 오히려 우리는 육체를 구원해야합니다. 게다가 '구원'이라는 말은 인간 전체

(영혼과 육체)의 해방을 의미합니다. 그러므로 우리는 육체가 황폐해지는 것을 추구하지 않습니다. 반대로 우리는 육체가 지나친 경배의 대상이 되는 것을 경계하고 싸울 뿐입니다. 생명의 멸절은 더군다나 우리가 추구하는 것이 아닙니다. 너무 고통스러워 차라리 생명을 포기하고 싶은 마음이 들 정도로 육체가 황폐해지는 것을 원치 않습니다. 우리는 기도에 전념합니다. 왜냐하면 우리는 너무도 간절히 (죽음이 아니라) 삶을 원하고, 하느님과 함께 영원히 살기를 원하기 때문입니다.

여덟째, 우리에게는 우리를 둘러싼 세상에 대한 무관심이 들어설 여지가 없습니다. 우리가 말한 여러 가지 인간의 (신념-종교) 체계는 그 자신의 평화와 평정심을 보존하려고 다른 사람들의 문제는 외면합니다. 하지만 우리는 그 반대를 추구합니다. 우리는 끊임없이 만인을 위해 중보합니다. 게다가 구원은 그리스도와의 연합입니다. 모든 사람들과의 교제 안에서 이루어가는 그리스도와의 연합입니다. 우리는 우리 자신만 구원받기를 원하지 않습니다. 세상과는 무관하게 우리에게만 기쁨이 되는 것이라면, 그것은 참된 기쁨일 수 없습니다.

아홉째, 우리는 '정신-육체적' 방법이나 몸의 다양한 자세에 그다지 관심을 두지 않습니다. 분명 우리는 그 방법 중 어떤 것은 정신을 마음에, 즉 그 본질 안에 집중시키는데 도움이 될 수 있다고 인정합니다. 하지만 그 방법의 실천을 곧 그만 둔다는 조건하에서만 인정합니다. 다시 한 번 반복하지만, 우리가 추구하는 것은 우리 자신만을 위한 평정심이 아닙니다. 우리가 얻고자

하는 것은 하느님의 은총입니다."

"영적 아버지여, 이 모든 설명과 그 명쾌함에 대해 정말 감사드립니다. 이 모든 가르침은 당신의 직접적인 체험에서 우러나온 것이기에 더더욱 중요합니다. 하지만 '주 예수 그리스도여, 나를 불쌍히 여기소서.'라는 예수기도만 정화와 구원, 즉 신화를 얻을 수 있게 해줄까요? 다른 기도 형식은 이 기도와 어울리지 않고 도움도 되지 않는 것일까요?"

"모든 기도가 다 엄청난 능력을 가집니다. 그것은 영혼의 외침입니다. 하느님은 믿음의 뜨거움에 따라 도우십니다. 예를 들어 전례 기도나 개인 기도가 그렇습니다. 하지만 예수기도는 크나큰 가치를 가집니다. 시리아인 이삭 성인이 말했듯이, 이 기도는 '눈으로 본 적이 없고 귀로 들은 적이 없으며 아무도 상상조차 하지 못한 일'(I 고린토 2:9)의 신비 안으로 들어가게 해 줄 수 있는 작은 열쇠입니다. 예수기도는 상상이나 색깔이나 형태나 모습도 취하지 않고 정신이 보다 잘 기도에 전념할 수 있도록 지켜주며, 짧은 시간에 많은 은총을 영혼에 가져다줍니다. 이 기도는 시편 응송보다도 더 많은 은총을 가져다줍니다. 왜냐하면 그것은 우리 자신의 죄에 대한 자각과 겸손에 보다 밀접하게 연결되어 있기 때문입니다. 교부들도 이렇게 말합니다."

실제로, 시편 응송은 훈련자, 초보자를 위한 것인 반면, 기도는 하느님의 은총을 맛 본 이들, 즉 헤지카스트를 위한 것이라고 시나이 출신 성 그레고리오스는 말한다.

> 당신은 너무 자주 시편을 읽지 마십시오. 그것은 착각을 가져옵니다. … 왜냐하면 시편을 많이 읽는 것은 무지하고 수고하는 훈련자를 위한 것이기 때문입니다. 마음으로 오직 하느님께 기도드릴 뿐 다른 생각은 하지 않는 헤지카스트에게 그것은 적합한 것이 아닙니다. … 교부들은 은총을 맛 본 사람은 시편은 적당하게 읽는 대신 무엇보다도 기도에 전념해야 한다고 합니다. 반면 게으른 사람은 시편을 줄기차게 읽어야 하고 교부들의 지침을 읽어야 합니다.

영적 아버지께서 계속해서 말을 이어갔다. "보통 시편 응송과 함께 착각이 스며듭니다. 아름다운 음성과 다른 이들에게 끼친 인상으로 인해 이기심과 교만이 끼어듭니다. 반면 자신의 방에서 '나를 불쌍히 여기소서.'하고 말하는 신자에게는 겉으로 드러나는 그 무엇도 존재하지 않고 따라서 교만의 원인도 존재하지 않습니다. 그렇기 때문에 헤지카스트는 교부들이 가르쳐준 지침에 따라 조과와 만과를 꼼보스끼니(기도매듭)와 함께 드립니다."

"하지만 이 기도는 너무 간단합니다. 과연 정신이 이 기도에 고정될 수 있을까요?"

"정신은 오히려 간결한 문장에 고정됩니다. 하지만 이 기도는 겉보기와는 달리 엄청나게 심오합니다. 정신의 특징은 정신이 주목하고 있는 것을 열망과 사랑으로 심화시키는 것입니다. 성 막시모스도 같은 말을 했습니다.

> 정신은 신적이고 내적이며 영적인 일 안에서든, 아니면 육체의 일

이나 육체의 정욕 안에서든 간에, 그것이 머물러 있는 일 속에서 스스로를 확장시키고, 스스로를 확장시키는 그 곳으로 자신의 열망과 사랑을 향하게 하는 경향이 있다.

지식도 마찬가지입니다. 처음 보기엔 아주 단순한 문제도 수년간 연구하고 공부해야할 주제를 제공할 수 있습니다. 하물며 예수라는 지극히 감미로운 이름이야 말해 무엇 하겠습니까! 우리는 아마도 평생 동안 그것을 연구할 수 있을 것입니다."

"이 기도가 그토록 능력 있는 것이라면, 한 가지 더 여쭙겠습니다. 영적 아버지, 이 기도를 어떻게 드려야 합니까? 어떻게 해야 이 기도의 기쁨을 누릴 수 있습니까? 내가 당신께 누를 끼치는군요. 이 분야에서는 정말 무식하고 배우지 못한 사람을 앞에 두고 있으니 말입니다."

"내 영적 아들이여, 기도는 최고의 학문입니다. 우리는 이 기도를 옳게 묘사할 수도, 또 그것을 옳게 규정할 수도 없습니다. 거기에는 잘못 해석될 위험이 늘 존재합니다. 또 아주 작은 체험이라도 해보지 못한 사람에게는 이해될 수 없을 지도 모릅니다. 하지만 그것은 또한 진짜 탐험입니다. 다시 한 번 말하지만 그것은 신학의 가장 높은 경지, 아니 하느님을 보는 것 그 자체입니다. 신학은 순결한 기도의 산물이고 자식이며 감미롭고 축복된 열매입니다. 신학은 광야의 고요하고 부드러운 환경에서 이 광야의 모든 힘을 통해 또 정욕의 정화를 통해 살아가고 발전합니다."

"영적 아버지여, 나는 '은총으로 가득한' 일, 헤지키아의 일, 예수의 이름을 끊임없이 부르는 이 복된 행위에 대한 다양한 책과 논문을 읽었습니다. 하지만 당신께서 이 기도의 맛을 그토록 강조하셨으니, 당신께서 직접 체험하신 것이나 교부들의 지식으로부터 배워 얻은 것들에 대해 좀 더 사색할 수 있도록 해주시길 바랍니다. 나는 결코 호기심으로 알고 싶어 하는 것이 아닙니다. 정말로 내가 할 수 있는 한 최선을 다해서, 이 복된 상태를 누리며 살고자 하는 뜻을 가지고 있습니다."

기도의 여러 단계

"그것에 대해선 이미 말했습니다. 영적 기도에 이르기 위해서 수도승은 무엇보다도 먼저 마치 이방인처럼 세상을 포기하고 성부 하느님께 자신을 의탁하며 그리스도의 계명을 지켜야 합니다. 처음에는 우리의 관심이 그리스도의 계명을 지키는 것에 맞추어지고, 금욕적 실천으로 절제와 순종의 미덕을 키워갑니다. 거룩한 교부들의 가르침을 통해서 우리는 덕들이 인간을 하느님과 완벽하게 연합시켜 주지는 못하지만, 삼위일체 하느님과 인간을 연합시켜주는 영적인 기도에 도달할 수 있는 좋은 토양을 만들어 준다는 것을 알고 있습니다. 덕은 은총을 얻기 위한 사전 조건이지만, 또한 그것 자체로도 은총을 가져다줍니다. 그러므로 기도의 체험을 가진 영적 아버지는, 그 제자가 자신의 고유한 의지를 꺾고 추잡스런 정욕으로부터 정화되었다는 것을 확인했

을 때, 비로소 그를 예수기도에 입문시키기로 결정합니다. 하지만 그럴 경우조차, 영적 아버지는 모든 것을 말해주지 않고, 오직 그가 견디고 실천할 수 있는 것만 말해줍니다. 아버지는 제자를 아주 부드럽게 인도합니다. 왜냐하면 아직도 제자가 실망이나 오류에 빠질 가능성이 남아있기 때문입니다."

"그렇다면 이 기도의 단계는 어떤 것이 있습니까? 그리스도와 완벽하게 연합시켜주고, 신화시키는 은총을 누릴 수 있도록 이끌어주는 가장 신비로운 단계는 무엇입니까?"

"이 기도의 최종 목적은 부스러기처럼 조각나 버린 인간을 하나의 전체로 통합 시켜주는 것입니다."

"말씀 중에 끼어드는 것을 용서하십시오. '인간을 하나의 전체로 통합시킨다'는 것이 무슨 의미입니까?"

"성서에 의하면 인간은 '하느님의 형상대로' 창조되었습니다. 하느님은 삼위일체이십니다. 다시 말해 하느님은 성부, 성자, 성령, 세 위격으로 존재하는 하나의 통일된 본질입니다. 영혼도 위에서 말한 것처럼 '하느님의 형상대로' 창조되었다는 점에서 마찬가지입니다. 영혼은 통일된 하나입니다. 하지만 여러 가지 능력(기능)을 가지고 있습니다. 그것은 세 가지 능력(기능)을 가집니다. 바로 지성, 욕망, 의지입니다. 이 세 가지 능력은 통합되어야 하고 하느님을 향해야 합니다. 성 막시모스에 의하면 이 세 가지 능력의 본질적 진보는, 지성에 있어서는 하느님 지식을 갖는 것, 욕망에 있어서는 오직 하느님만을 열망하고 사랑하는 것, 의지에 있어서는 주님의 의지를 행하는 것에 있습니다. '마음을 다 기울이고 정성을 다 바치고 힘을 다 쏟아 너의 하느님 주를 사랑하여라.'(신명기 6:5)라는 계명이 여기에 적용됩니다. 지성이 하느님 안에 존속할 때, 지성은 하느님을 사랑하려는 열망을, 악한 영들과 싸워서 정화되려는 거룩한 분노를 일으킵니다. 그러므로 하느님을 향한 비약이 있을 때 통일성이 존재하게 됩니다. 그러면 죄는 무엇일까요? 죄는 영혼의 이 세 가지 능력을 분열시킵니다. 지성은 하느님에 대한 무지에 빠져버리고, 욕망은 창조주보다는 피조물을 더 좋아하게 되고, 의지는 정욕의 가혹한 독재 아래 복종하게 됩니다. 영혼이 완전한 종이 되는 것이지요. 성 그레고리오스 팔라마스가 이러한 상황을 아주 잘 묘사했습니다.

첫째, 지성은 하느님으로부터 멀어지고 피조물을 향하게 됩니다.

> 우리가 정욕에 문을 열어주는 순간부터 지성은 산만해지고, 육적이고 지상적인 것과 다양한 쾌락 가운데 방황하게 되고, 아주 열정을 가지고 이것들에 대해 생각하게 된다.

둘째, 하느님에게 등을 돌린 지성은 욕망을 하느님과 그분의 계명과는 거리가 먼 곳으로 인도합니다.

> 지성이 고삐 풀리면, 욕망은 두 방향의 악행에 참여함으로써 타락

과 광기 속으로 흩어져 버린다. 지성이 쇠약해지면, 참된 사랑을 향해 서있는 영혼의 능력은 참으로 욕구해야 할 것을 피해서 쾌락적 삶의 여러 탐욕 가운데 부서지고 조각나 버리고, 불필요한 음식들에 대한 욕망, 천박한 육체의 욕망, 외식(外飾)적인 선행의 욕망에 휩쓸리거나 혹은 헛되고 조금도 영광스럽지 못한 허영의 욕망에 이끌린다.

셋째, 의지는 정욕의 종이 되고 압제에 시달리다 결국 짐승처럼 됩니다.

그런 사람은 정신을 소유하지 못하는 짐승, 뱀이나 독을 품은 동물과 다름없이 된다. 하느님의 아들 중에 속했던 존재가 뱀, 불가사리, 살모사가 되는 것이다.

이 세 가지 능력이 하느님으로부터 멀어질 뿐만 아니라 그들 사이의 통일성도 잃게 됩니다. 그래서 욕망이 하느님을 향해 돌아서고 싶어 해도 의지가 그것을 막아서는 것을 관찰할 수 있습니다. 욕망은 돌아가길 원하지만, 지성이 불신앙과 무신론 사상을 통해 하느님을 사랑하는 것을 거부합니다.

기도를 통해서 우리가 추구하고 얻게 되는 것이 무엇인지 보셨지요. 되돌아감은 지성의 집중으로부터 시작합니다. 우리가 품고 있는 목표 중의 하나가 바로 주변의 대상들로부터 지성을 돌아서게 해서 그 자신 안에 다시 들어가게 할 뿐만 아니라 욕망을 또한 지성 안에 모아들이는 것입니다."

"당신께서 주신 가르침은 참으로 명쾌합니다. 저도 잘 이해한 것 같습니다."

"내 아들이여, 그런 가르침을 주신 이는 내가 아니라 교부들입니다."

"지금까지 말씀해주신 것을 잘 들었으니, 이제 기도의 단계는 어떤 것이 있는지 구체적으로 말씀해 주십시오. 어디서부터 시작해야 하고, 어떻게 진보해 나가야 합니까?"

"우리는 다섯 가지의 중요한 단계를 구분할 수 있습니다.

첫째, 큰 목소리로 드리는 예수기도. 우리의 입으로 소리내어 계속 반복하여 기도합니다. 이 기도의 단어에 주의를 집중하려고 노력하면서 말입니다.

둘째, 영적 기도. 지성은 기도를 얻게 되고, 그것을 정신 안에서 말하게 됩니다. 그래서 영적 기도라고 합니다. 우리의 모든 주의는 기도의 어휘에 집중됩니다. 하지만 이 집중은 지성 안에서 이루어집니다. 지성이 피곤을 느끼게 되면, 우리는 다시 입술로 이 기도를 중얼거리기 시작합니다. 물론 이런 기도 수행 혹은 기도매듭을 사용한 기도 수행은 기도의 유치원 단계입니다. 하지만 이 단계부터 시작하는 것이 좋습니다. 우리는 보다 완전한 상태에 이르렀을 때, 잘 식별하여 덜 완전한 것을 제거해 나갑니다. 지성이 충분히 쉬었다 싶으면, 다시 온 주의를 지성 안에 집중시키고 지성으로 드리는 기도를 다시 시작합니다. 성 닐로스는 '항상 하느님을 기억하라. 그러면 우리의 지성은 하늘이 된

다.'고 조언합니다.

셋째, 기도가 마음(가슴) 안으로 내려가는 단계. 지성과 마음이 연합되고 결합됩니다. 주의(注意)는 이제 마음 안으로 집중되고, 기도의 말마디에, 핵심적으로는 예수의 이름에 다시 흡수됩니다. 예수 이름은 눈에 보이지 않는 심오한 깊이를 가지고 있습니다.

넷째, 기도가 저절로 이루어지는 단계. 금욕가가 일을 하거나 음식을 먹거나 말을 하거나 지성소에 있을 때나 심지어 잠을 잘 때도, 저절로 기도가 됩니다. '나는 자리에 들었어도 정신은 말짱한데'(아가 5:2)라고 성경이 말하고 있듯이 말입니다.

다섯째, 그리스도의 은총이 마음속에 거주하고, 성 삼위가 마음속에 자리잡는 단계. 기도하는 사람은 마음속에서 그 자신을 불사르는 아주 부드러운 불길을 느끼고, 그로 인해 큰 기쁨을 얻게 됩니다.

> 이것은 하느님의 거주이다. 사람은 끊임없는 기억을 통해 하느님을 자신 안에 모심으로써 하느님을 소유하게 된다. 이렇게 해서 우리의 기억이 세상의 근심으로 인해 중단되지 않고, 지성이 뜻밖의 생각들로 흩어지지 않으며, 오히려 이 모든 것을 피하여 무절제에 빠지게 하는 정욕을 몰아냄으로써 하느님 안으로 물러나서 덕에 이르게 하는 지극한 관심에 적응할 때, 우리는 하느님의 성전이 되고, 우리 자신 안에 하느님을 소유하게 된다. (성 대 바실리오스)

그럴 때 그는 자신 안에서 하느님의 현존을 느끼며, 이 은총은 세상에 대해 이미 죽고 십자가에 못 박힌 그분의 육체를 관통합니다. 이것은 종종 창조되지 않은 빛을 관상하는 일과 연결되기도 하는 가장 높은 단계입니다. 기도가 발전해가는 길은 대충 이렇습니다. 각각의 단계마다 그에 상응하는 은총이 존재합니다."

"아버지, '마음'에 대해 자주 말씀하셨는데, 그 '마음'은 무엇을 의미합니까?"

"교부들의 가르침에 따르면 마음은 영적 세계의 중심입니다. 이에 대한 교부들의 많은 의견 중에서, 나는 키프러스 콘스탄티아의 주교였던 에피파니오스의 견해를 인용하겠습니다.

> 바로 이런 이유로 '형상대로'라고 했던 것이 인간의 어떤 부분에 관련된 것인지 확정하거나 고정시켜서는 안 됩니다. 반대로 '형상대로'라는 것은 인간 전체와 관련된 것이라고 고백해야 합니다. 그래야만 하느님의 은총에 거역하지 않게 되고, 하느님에 대한 신뢰를 잃지 않게 됩니다. 왜냐하면 하느님께서 말씀하신 모든 것은 항상 참임이 드러나기 때문입니다. 비록 우리의 지성이 이 말씀을 너무 쉽게 빨리 잊어버리지만 말입니다.

빛줄기가 프리즘을 통과하면 굴절되어 사방으로 퍼지듯이, 영혼 또한 인간의 전존재를 통해서 표현됩니다. 하지만 기도를 지속할 때, 우리는 육체의 한 기관인 마음에 주의를 집중합니다. 마음을 외부로부터 되돌려서 우리 자신 안으로, '심오한 마음' 안으로 되돌아오게 하기 위해서 말입니다. 이러한 마음의 복귀

를 통해서, 영혼의 여러 능력 가운데 하나인 지성은 자신의 거처로 다시 들어가게 되고 이곳에서 다른 여러 능력과 연합됩니다."

"두 번째 질문이 있습니다. 당신이 묘사한 이 길은 신적인 환희를 누려 본 모든 사람들에게서 경험되는 것입니까?"

"대부분은 그렇습니다. 하지만 옛적부터 우리 시대에 이르기까지 날숨과 들숨을 통해 지성과 마음을 연합시키려고 했던 사람들이 있습니다. 그들은 '주 예수 그리스도, 하느님의 아들이여,' 하면서 숨을 들이쉬고, '죄인인 나를 불쌍히 여기소서.' 하면서 숨을 내쉽니다. 그들은 또한 입을 통해 심장으로 들어가서 공기의 흐름을 따라가고, 그 지점에서 잠시 호흡을 멈춥니다. 물론, 이 모든 것은 정신을 집중시키기 위한 것입니다.

교부들은 이와는 다른 또 하나의 방법을 전수해주었습니다. 들이쉬면서 기도 전체를 말하고, 다시 내쉬면서 기도 전체를 말하는 방법이 그것입니다. 하지만 이 방법은 많은 진보를 요구합니다. 그러나 호흡을 가지고 드리는 이 기도 수행은 수많은 어려움과 문제를 만들어내는데, 오직 영적 아버지의 지도를 받을 때만 그런 것들을 극복하고 피해갈 수 있습니다. 하지만 정신을 기도문의 각 어휘에 집중시키고 산만해지지 않으려는 단순한 의도로 이 방법을 이용할 수 있습니다. 다시 한 번 반복하지만 이 방법은 영적 아버지의 특별한 식별과 축복을 필요로 합니다."

"당신께서는 앞에서 기도의 목적이 지성을 마음 안으로 인도하는 것, 다시 말해 에너지를 본질 안으로 인도하는 것이라고 말했습니다. 우리는 특별히 이것을 이 거룩한 수행 여정의 세 번째 단계에서 경험할 수 있습니다. 하지만 당신께서는 다섯 번째 단계에 대해서 말할 때 '이 모든 것을 피하고 하느님 안으로 물러나서'라는 성 대 바실리오스의 말을 인용하셨습니다. 그렇다면 어떻게 하면 정신이 마음 안으로 들어갈 수 있으며, 하느님 안으로 물러날 수 있습니까? 여기에는 어떠한 모순도 없습니까?"

거룩한 은수도승은 이렇게 대답했다.

"어떤 모순도 없습니다. '하느님을 마음속에 간직한' 거룩한 교부들의 가르침에 따르면 기도 안에는 여러 가지 단계가 있습니다. 초보자가 있는가하면 진보한 이도 있습니다. 거룩한 교부들의 가르침 속에 나타난 표현대로 한다면, '실천적인 이들'과 '관상적인 이들'이 있습니다. 실천적인 이들에게 기도는 하느님에 대한 두려움과 희망으로부터 나옵니다. 반면 관상적인 이들에게 그것은 '하느님에 대한 두려움과 완벽한 정화'로부터 나옵니다. 첫 단계는 초보자를 위한 것으로 지성이 고요하게 하느님께 기도드리며, 마음 안에 집중되는 것을 특징으로 합니다. 기도의 두 번째 단계는 관상적인 이들을 위한 것으로 지성이 세상에 대해서나 그 자신에 대해서나 아무 것도 느끼지 못하며, 하느님의 빛에 사로잡히는 것입니다. 이것이 바로 지성의 황홀경이며, 바로 이러한 상태가 지성이 하느님 안으로 물러나는 상태라고 말할 수 있습니다.

> 신적이고 무한한 빛에 의해 지성이 사로잡히는 것, 자신 안에서 사랑으로 빛을 비추어 주는 분 말고는, 자기 자신을 포함해서 존재하는 그 어떤 것도 의식하지 못하는 상태. (성 막시모스)

이 복된 신적 활홀경을 경험한 많은 교부들이 이와 같이 말했습니다."

"한 가지 더 질문 드리겠습니다. 당신께서 인용하신 '나는 잠들었지만 내 마음은 깨어 있었지요.'(아가 5:2, 가톨릭 성경)는 성경 구절을 잘 이해하지 못하겠습니다. 이 구절을 좀 더 설명해 주십시오. 어떻게 하면 마음이 늘 깨어서 기도에만 전념하게 할 수 있습니까?"

"이 구절은 구약 성경의 아가서에서 따온 말입니다. 이 구절을 설명하는 것은 그리 어렵지 않습니다. 예언자 다윗은 어디선가 '인간의 마음은 지극히 심오하다.'고 말한 적이 있습니다. 모든 사건, 낮에 있었던 모든 인상과 기억, 지성이 집착하고 있는 주된 관심사는 모두 마음의 이 심연, 오늘날 사람들이 흔히 말하는 잠재의식 안으로 들어갑니다. 그러므로 보통 낮에 사람을 붙잡아 놓았던 것들은 정신이 휴식을 취하고 사람의 진이 다 빠지는 밤이 되면 그 사람의 마음을 붙잡게 마련입니다. 그래서 이런 것들이 꿈속에 나타나기도 합니다. 성 대 바실리오스는 '수면 중의 모든 환상은 대개의 경우 일상의 생각들의 메아리이다.'라고 말합니다. 다시 말해 대부분의 경우 수면 중에 나타나는 여러 표상

(꿈)은 일상 속에서 가졌던 생각을 반영한다는 말입니다. 나쁜 꿈은 낮에 가졌던 나쁜 생각이나 행동들로부터 연유합니다. 당연히 좋은 생각과 행위들이 좋은 꿈을 꾸게 합니다. 금욕가를 비롯한 하느님의 사람은 하루 종일 기도를 통해서 하느님을 묵상합니다. 그는 기도를 반복함으로써 하느님을 늘 기억하려하고 그것을 유일한 즐거움으로 삼습니다. 마찬가지로 그는 모든 행위, 먹고 마시는 것조차 사도 바울로의 말대로 하느님의 영광을 위해서 합니다. 그러므로 밤에 취하는 몇 시간의 휴식 동안에도 그의 마음은 하느님을 묵상하고 하느님께 기도합니다. 마음이 늘 깨어있는 것이지요."

기도의 방법들

"영적 아버지여, 당신의 명쾌한 설명에 대해 다시 한번 깊이 감사드립니다. 이제 기도의 단계들, 이 거룩한 수행의 발전 단계에 대해 이해할 수 있게 되었습니다. 하지만 아직도 한 가지 문제가 남아있습니다. 그러한 수행을 힘들이지 않고도 할 수 있는 것인지요? 결연한 투지와 싸움이 요구되지는 않나요? '세례자 요한 때부터 지금까지 하늘 나라는 폭행을 당해 왔다. 그리고 폭행을 쓰는 사람들이 하늘 나라를 빼앗으려고 한다.'(마태오 11:12)고 했지만, 하느님 나라를 맛보는 기도의 영역에서는 어떠한 싸움도 존재하지 않을 것 같습니다. 왜냐하면 성 그레고리오스 팔라마스에게서 읽은 것처럼, 창조되지 않은 빛의 관상은 하느님

나라 그 자체이기 때문입니다. 그렇다면 싸움은 어디에 있는 것입니까?"

거룩한 산의 이 현자는 말했다.

"분명 싸움은 필요합니다. 당연히 경주자는 많은 피땀을 흘려야 합니다. 바로 이점에서 '네 피를 주고 성령을 받아라.'라는 교부들의 금언은 아주 힘이 있습니다. 아담은 비록 하느님을 볼 수 있었던 사람이었지만 바로 이 싸움을 하지 않았기 때문에 낙원을 잃어버렸습니다. 그렇다면 하느님의 은총을 얻으려는 우리에게는 이 싸움이 더더욱 불가피한 것입니다. 싸움이 필요 없다고 말하는 이들은 오류에 빠진 사람들입니다. '실천학이 없는 신학은 악마적이다.'라고 성 막시모스는 말합니다. 타락 이전에는 천사들의 끊임없는 찬미처럼 노력하지 않고도 기도가 가능했습니다. 하지만 타락 후 기도는 싸움과 노력을 요구합니다. 하느님 나라에서 의인들은 낙원의 상태를 회복할 것입니다."

"이 싸움에 대해 설명해 주시겠습니까?"

"첫 번째 큰 싸움은, 좋은 것이건 나쁜 것이건 간에 지성을 둘러싼 잡다한 일들, 대상들, 상황들, 사건들, 생각으로부터 지성을 돌이켜 한데 모으는 것 입니다. 왜냐하면 하느님으로부터 멀어진 지성은 질식하여 죽어버리기 때문입니다. 시리아 사람 성 이삭은 이렇게 말했습니다.

> 하느님을 기억하는 일에서 떠나서 세상을 기억하며 기뻐하는 지성은 마치 물을 떠난 물고기와 같다.

타락 이래로 지성은 마치 마구 달리려 하고 늘 도망치려 하는 개와 같습니다. 그것은 아버지의 집을 떠나 물려받은 유산(욕망과 의지)을 '타락한 삶'을 위해 다 탕진해 버린 탕자와 같습니다. 이것은 성 그레고리오스 팔라마스를 비롯해서 이러한 내적 삶을 경험한 모든 교부들이 한결같이 말하는 것입니다."

"정말 멋진 비유입니다. 하지만 어떻게 지성을 집중할 수 있습니까?"

"정확히 비유에 나오는 탕자같이 하면 됩니다. 비유에 어떻게 나와 있습니까?

> 그제야 제정신이 든 그는 이렇게 중얼거렸다. '아버지 집에는 양식이 많아서 그 많은 일꾼들이 먹고도 남는데 나는 여기서 굶어 죽게 되었구나! 어서 아버지께 돌아가, 아버지, 제가 하늘과 아버지께 죄를 지었습니다. 이제 저는 감히 아버지의 아들이라고 할 자격이 없으니 저를 품꾼으로라도 써주십시오 하고 사정해 보리라.' 마침내 그는 거기를 떠나 자기 아버지 집으로 발길을 돌렸다. 집으로 돌아오는 아들을 멀리서 본 아버지는 측은한 생각이 들어 달려가 아들의 목을 끌어안고 입을 맞추었다. 그러자 아들은 '아버지, 저는 하늘과 아버지께 죄를 지었습니다. 이제 저는 감히 아버지의 아들이라고 할 자격이 없습니다.' 하고 말하였다. 그렇지만 아버지는 하인들을 불러 '어서 제일 좋은 옷을 꺼내어 입히고 가락지를 끼우고 신을 신겨주어라. 그리고 살진 송아지를 끌어내다 잡아라. 먹고 즐기자! 죽었던 내 아들이 다시 살아왔다. 잃었던 아들을 다시 찾았다.' 하고 말했다. 그래서 성대한 잔치가 벌어졌다. (루가 15:17~24)

탕자와 같은 지성은 이처럼 멀리 떠나있던 상태로부터 다시 자신 안으로 들어갑니다. 성대한 잔치가 벌어질 아버지의 집으로 돌아가 그곳의 그윽함과 행복을 느끼듯 말입니다. 그러면 지성은 최고의 기쁨을 누릴 것입니다. 우리는 '나의 이 아들은 죽었다가 살아났고, 내가 잃었다가 되찾았다.'는 말을 듣게 될 것이고, 죽었던 지성은 다시 살아나게 될 것입니다. 지성이 마음속으로 다시 들어갈 때는 마치 유배되었던 자들이 자신의 고향으로 되돌아갈 때와 같이 기쁨만이 존재하게 될 것입니다. 독(獨)수도승 니케포로스는 이렇게 쓰고 있습니다.

> 자신의 집으로부터 유배당한 사람이 다시 돌아와 그 아내와 자식들을 보고 크게 기뻐하듯이, 지성도 영혼과 연합될 때, 헤아릴 수 없는 즐거움과 기쁨으로 가득 찬다.

 지성의 집중과 마음의 따뜻해짐은 동시에 일어납니다. 영원히 기억될 나의 영적 아버지는 해가 지면 내적 삶과 본성 안에 있는 여러 가지 모습을 떠올리곤 했습니다. 그렇게 해서 마음을 따뜻하게 한 다음에는 성만찬 예배가 이어지는 조과가 시작될 때까지 기도에 전념했습니다. 그래서 … "

 "아버지, 말씀 중에 끼어들어 죄송합니다. 말씀을 잘 따라갈 수가 없습니다. '마음을 따뜻하게 했다.'고 했는데 그것은 무엇을 의미합니까? 어떻게 하면 따뜻하게 할 수가 있으며, 왜 그것이 기도에 필수불가결한 것입니까?"

"탕자의 예가 이해를 도와줄 수 있습니다. 정신을 차리고 난 후 탕자는 이렇게 말했습니다.

> 아버지 집에는 양식이 많아서 그 많은 일꾼들이 먹고도 남는데 나는 여기서 굶어 죽게 되었구나! 어서 아버지께 돌아가, 아버지, 제가 하늘과 아버지께 죄를 지었습니다. 이제 저는 감히 아버지의 아들이라고 할 자격이 없으니 저를 품꾼으로라도 써주십시오.

다시 말해 그는 아버지 집의 행복과 더불어 자신의 비참함에 대해 생각합니다. 그리고는 곧 아버지의 집으로 돌아갈 결심을 하고 일어섭니다. 의지와 욕망으로 하여금 되돌아가야겠다는 생각에 집중하도록 하려면 많은 노력이 필요합니다. 우리가 기도를 통해서 하고자 하는 것이 바로 이것입니다. 우리는 끊임없이 우리가 죄인이라는 것, 우리가 참으로 비참한 존재라는 것을 확인하기 위해 노력합니다. 우리는 낮에 행했던 많은 탈선을 돌아보고, 여러 가지 상황과 지은 죄에 대해 반성합니다. 하지만 피상적으로, 다시 말해 외적으로만 그렇게 합니다. 우리는 자신이 재판받기 위해 법정에 출두한 사람이라고 느낍니다. 하느님께서 재판관의 자리에 앉으시고, 우리는 피고인 자리에 앉아 있습니다. 이런 느낌을 받을 때, 우리는 외치게 됩니다.

> 나를 불쌍히 여기소서.

이러한 상황이 되면, 우리는 슬피 울지 않으면 안 됩니다. 왜냐하면 참회의 눈물이 안정된 기도 이전에 와야 하기 때문입니

다. 교부들은, 깊은 기도에 이르려면, 또 그렇게 해서 깊은 수도적 삶에 도달하려면, 슬피 우는 법, 치열한 자기 고발과 자신에 대한 혐오 속에서 사는 법, 스스로를 다른 어떤 이들보다도 못한 존재, 마치 오류와 무지의 어둠 속을 헤매는 불쌍한 짐승처럼 바라보는 법을 배워야 한다고 말합니다. 성 대 바실리오스의 표현대로 '가장 먼저 자신을 고발하는 은사'를 통해 자신을 바라보아야 한다는 말입니다.

> … 다른 이들이 질책하기를 기다리지 않고, 스스로가 먼저 자신의 죄를 고발해야 한다. 마치 자신을 고발하는 검사가 된 듯, 자신에 반대해서 말할 수 첫 번째 사람이 되어야 한다.

솔로몬의 잠언처럼 스스로를 제일 먼저 고발하는 사람, 이런 방식을 통해 기도를 위해서 스스로를 미리 준비시키는 사람이 되어야 한다는 것입니다. 이삭 성인은 어디선가 기도하기 전에 먼저 무릎을 꿇고 손을 등 뒤로 맞잡아서 스스로가 벌을 받는 죄인처럼 생각해야 한다고 썼습니다. 매번, 이것은 늘 새롭게 스스로를 멸시하는 생각이어야 합니다. 이 생각에 멈추어서 아무런 형상도 떠올리지 않고 그것을 묵상해야 합니다. 이럴 때, 참회한 지성은 마음 안으로 들어가고, 우리는 슬피 울면서 조용히 기도를 시작할 수 있습니다. 세속의 삶에서 발견할 수 있는 하나의 예를 들어보겠습니다. 세상 사람은 기껏해야 다른 이들이 자신에게 행한 모욕을 기억합니다. 이 기억에 머물러 있다가 곧 마음에 찌르는 고통을 느끼고는 울음을 터뜨립니다. 물론 그와 같은 세상적이고 이기적인 생각들은 아니지만, 기도 수행을 하는 사람의 경우도 크게 다르지 않습니다.

> 나는 그리스도를 모욕했고 하느님의 은총으로부터 멀어졌다. …

이와 같은 자의식은 마음에 깊은 상처를 줄 수 있습니다. 마음이 어떤 외적인 강요가 아니라 참회의 생각을 통해서 상처받을 때, 그것은 상처받은 육체보다 훨씬 더 고통을 당합니다. 지성은 하느님 안에서 오랫동안 이 상처를 지니기 때문에, 마음은 밤에도 잠을 이룰 수가 없는 것입니다. 마치 불에 달구어진 붉은 숯덩이를 잡았던 것처럼 말입니다. 한 십오 분 정도 아주 밀도 있게 참회의 기도를 드릴 수 있습니다. 그러면 마음은 밤낮으로 예수를 기억할 수 있게 됩니다. 이것이 바로 끊임없는 기도라 불리는 것입니다. 다시 반복하지만 눈물로 드리는 아주 밀도 높은 몇 분간의 기도 후에는 며칠 동안이나 자기 안에서 기도의 에너지가 생성되는 것을 느끼는 일이 생깁니다. 우리의 자격 없음을 인식하는 것은 기도의 에너지에 절대 불가결한 것이라는 점을 강조해야 합니다. 가장 큰 진보는 우리가 죄인이라는 확연한 인식에서 비롯됩니다. 이러한 인식이 없이는 참된 기도라 할 수 없습니다. 기도는 참회와 결합되어야 합니다. 실제로, 교부들은 하늘로 올라가는 것은 자기 자신 안으로 내려가는 것과 결합되어 있다고 가르칩니다. 우리가 영혼의 심연으로까지 우리의 기도를 심화시키면 시킬수록, 우리는 이 비밀, 즉 하느님 나라는 회개와 함께 우리 마음속에 임하고, 마음을 낙원으로 만들고 내적인 하

늘로 변화시킨다는 비밀을 더욱 분명하게 깨닫게 됩니다. '회개하여라. 하늘 나라가 다가왔다!'(마태오 3:2)는 권고는 언제나 그 능력을 담고 있습니다. 오직 회개만이 하느님 나라를 관상하는 경지로 우리를 인도할 수 있습니다."

"자신이 죄인이라는 것을 깨닫게 되면, 오히려 좌절하고 영적 싸움을 포기하는 일이 생길 수도 있지 않을까요?"
"물론 그런 일도 일어납니다. 하지만 이런 경우는 죄인이라는 인식이 우리를 절망으로 이끌려는 사탄으로부터 제공되었다는 것을 의미합니다. 하지만 죄인이라는 인식을 가진 후에 우리가 하느님께로 돌아서고, 기도를 통해서 하느님의 은총을 구하면, 그것은 하느님께서 주신 선물이며, 그리스도의 은총의 에너지라는 것을 의미합니다.

죄인이라는 인식 말고도 마음을 뜨겁게 하는 다른 방법이 존재합니다. 죽음에 대한 기억이 그 중 하나입니다. '지금이 내 인생의 마지막 순간이다. 조금 있으면 악마들이 내 영혼을 취하러 올 것이다.'라고 생각하는 것입니다. 이런 생각이 아무런 형상도 동반하지 않고 온다면, 그것은 두려움을 자아내고 그래서 기도하게 만들 것입니다. 『교부 금언집』에 기록된 바에 의하면, 아빠스 테오필로스는 우리가 어떻게 생각해야 하는지에 대해 몇 가지 충고를 던져줍니다.

> 영혼이 육체와 분리될 때 얼마나 두렵고 무섭고 떨리겠는가! 원수
> 의 권세가 무리지어, 음지의 권세자들, 악의 세상을 주무르는 우두

머리들, 죄악의 권력과 통치자들과 영들이 한꺼번에 무리지어 내게 달려들 것이니 말이다. 그들은 어려서부터 지금까지 의식적으로 또는 무의식적으로 지은 모든 죄를 들이대며 영혼을 형벌 속에 가두고 말 것이다. 그들은 영혼이 지은 모든 죄를 가지고 영혼을 고발할 것이다. 그런 때가 되면 영혼은 심판선고가 내려지고 영혼이 풀려나기 전까지 얼마나 공포에 떨겠는가! 앞으로 닥쳐올 일을 알게 될 때까지 영혼은 근심에 짓눌릴 것이다. 하지만 하늘의 권세가 악한 권세에 맞서서 영혼의 선한 행위를 제시할 것이다. 영혼은 그 가운데 서서 의로운 재판관 앞에서 그 송사에 관한 선고를 기다리는 것이 얼마나 두려운 일인가를 깨닫게 된다. 영혼에게서 그럴만한 선행의 이유가 있다면, 악마들은 쫓겨날 것이고, 영혼은 그들에게서 벗어나게 될 것이다. 이윽고 영혼은 모든 근심을 떨쳐버릴 수 있게 되고, '모든 행복이 너희에게 임할 것이다.'라고 하신 말씀처럼 살게 될 것이다. 그렇게 해서 '고통과 근심과 신음소리는 사라질 것이다.'라고 기록된 것이 마침내 이루어질 것이다. 이제 해방된 영혼은 표현할 수 없는 이 기쁨과 영광 속에 들어가 그 속에 자리 잡게 될 것이다. 하지만 영혼이 게으르게 살아왔다면, '주님의 영광을 보지 못하도록 이 불경한 자를 내쫓아라.' 하신 끔찍한 말을 듣게 될 것이다. 분노의 날, 슬픔의 날, 공포의 날, 어둡고 캄캄한 날이 그를 사로잡고 말 것이다. 영혼은 영혼 밖의 어둠과 영원한 불 속에 넘겨질 것이다. 그 속에서 영원토록 벌을 받게 될 것이다. 그러니, 전쟁의 공훈이 무슨 소용인가? 쾌락과 위대한 삶과 휴식은 어디 갔는가? 교만과 부와 명성은 또 무엇인가? 아비와 어미와 형제들은 또 어디 있단 말인가? 불이 영혼을 태우고 그토록 심하게 고통을 줄 때 과연 누가 그 영혼을 그 형벌에서 끌어낼 수 있단 말인가?

마음을 뜨겁게 하는 또 다른 생각은 낙원의 달콤함, 성인들이

누리는 영광, 하느님의 위대하신 사랑에 대한 인식입니다. 특별히, 성만찬 전례에 참여하고 거룩한 성체와 성혈을 받는 날을 기억하는 것입니다."

"영적 아버지여, 세상은 그런 생각에 대해 의심과 멸시를 보냅니다. 또한 이 문제에 관해서는 의견을 달리하는 많은 신학자와 영적 아버지도 존재합니다. 그들은 그것이 세상에서 사는 사람들을 위한 것이 아니라고 주장합니다. 거룩한 교부들에 반대하면서까지 말입니다. 그들은 교부들을 '신비교부'와 '공통교부'로 구별하고, 세상에는 '공통교부'만을 제시합니다. 그들의 가르침이 보다 지상의 현실들을 지향하고 있는 반면 '신비교부'들의 가르침은 수도적 삶을 지향하고 있다는 이유 때문입니다. 저는 이러한 생각이 어느 정도까지 맞는 것인지 모르겠습니다."

"당신이 지적한 것은 사실 많은 시간을 들여 다양한 관점에서 더 장황하게 설명해야 할 문제입니다. 하지만 지금이라도 몇 가지 일반적인 생각을 제시할 수는 있습니다. 먼저, 교부들을 금욕 혹은 신비적 교부와 공통 교부로 엄격하게 나누는 것이 불가능하다는 것입니다. 마찬가지로 신학을 신비 신학과 비(非)신비 신학으로, 영적 삶을 세상에서의 삶과 수도적 삶으로, 어떤 가르침은 세상을 위해서 주어지고 다른 것은 수도승들을 위해 주어졌다는 식으로 나누는 것은 불가능합니다. 왜냐하면 정교회의 신학은 신비적이고, 모든 영적 삶은 금욕적이기 때문입니다. 그래서 거룩한 교부들은 모두가 하나의 공통된 교리, 하나의 공통된 삶, 하나의 공통된 생각, 하나의 공통된 가르침을 가지고 있습니다. 모두가 신화(神化)라는 복된 상태를 획득했고, '그리스도 안에 있는 자', '그리스도의 흔적을 지닌 자'가 되었으며, 그들 안에서 성령께서 일하시고 에너지가 발휘되었습니다. 그러하기에 신비 교부들은 언제나 공통 교부이며, 우리가 공통 교부들이라 부르는 분들도 또한 동시에 신비적입니다. 다시 말하면, 교부들의 일반적 특징은 그들의 신비적 특징으로부터 흘러나옵니다. 교회의 일반적 일을 돌보는 사람들이라고 해서 공동체, 영혼, 윤리, 교육 등에 대해서만 말하는 것은 아닙니다. 그들 또한 하느님에 대해서 말합니다. 그들 또한 모든 점에서 신학자입니다. 그들은 무엇보다도 먼저 하느님과 함께 사는 것을 추구하고 그 다음에 다른 이들이 하느님과 함께 살 수 있도록 도와주려 합니다. 그러므로 그들의 가르침의 공동체적 특징은 신학의 한 차원, 즉 '성령 안에서', '교회 안에서' 경험하는 '그리스도 안의 삶'을 표현하는 또 하나의 차원입니다. 진실로, 교회는 정교 신학의 자리이며, 신학은 교회의 목소리입니다. 그러므로 그들 모두는 공통된 지점, 즉 정교 신학, 교회와 사제적 삶과 수도적 삶에 대한 하나의 공통된 신념을 가지고 있습니다. 그러므로 교부들을 신비교부와 공통 교부로 엄격하게 구별하려는 것은 커다란 오류가 아닐 수 없습니다. 왜냐하면 이러한 구별은 영적 삶에 엄청난 결과를 초래할 수 있고 성령을 모독하는 데로 빠질 수 있기 때문입니다."

"하지만 성 대 바실리오스나 성 요한 크리소스토모스와 같은

교부들은 사실 공동체의 문제에 대해 훨씬 많은 이야기를 했고 그래서 일반 백성들과 보다 가까이 있지 않았습니까?"

"그렇습니다. 그럼에도 불구하고 앞에서 말했듯이, 몇 가지 점들에 대해 분명하게 짚고 넘어가야 할 필요가 있습니다.

첫째, 이것은 그들이 눈물과 절제와 기도 속에서 살지 않았다고 말하는 것이 결코 아닙니다. 그들의 가르침을 그 내적 삶과 분리해서는 안 됩니다. 한 교부를 분해해서도 안 됩니다. 사회학자나 윤리학자가 서로 다른 해석을 내놓듯이 말입니다. 사회학과 신학 사이에는 엄청난 차이가 존재합니다. 출발점이 다르고 방법론이 다릅니다. 인간학조차 각각에 있어서 너무나 다릅니다.

둘째, 어떤 교부들이 특별히 공동체의 일반적인 문제에 대해 더 많은 언급을 했다면, 그것은 구체적인 환경 속에서 살아가는 구체적 인간에게 그렇게 말하라는 명령을 하느님으로부터 받았기 때문입니다. 예언자, 사도, 성인은 사람들의 성숙함과 영성의 정도에 맞게 말한다는 것을 잊어서는 안 됩니다. 그들의 말이 불완전하다해도, 그것을 그들의 정신적 경향이나 다른 태도에 기인한 것으로 보아서는 안 됩니다. 그것은 오히려 사람들이 보다 심오한 것들을 이해할 수 없었기 때문이라고 보아야 합니다. 교부의 무지가 아니라 양떼들에게 이해할 능력이 부족했기 때문이라는 것입니다. 공동체의 일반적인 문제를 다룬 수많은 저작 안에는 헤지카즘의 정신이 분명하게 나타나 있다는 것을 보지 못하기 때문에 이런 어처구니없는 구별을 자행한다는 것입니다.

셋째, 보다 구체적인 예로 좀 전에 그대가 거명했던 성 요한 크리소스토모스을 들어 봅시다. 성 요한 크리소스토모스은 '공통' 교부로 줄곧 이해되어 왔습니다. 특별히 세상 사람들이 읽어야 할 분으로 말입니다. 사람들은 자주 공동체나 윤리에 관련된 그의 가르침을 인용하지만, 그분이야말로 헤지키아, 금욕, 절제, 참회의 눈물과 애통, 끊임없는 기도, 죽음에 대한 기억 속에서 살았다는 것은 알지 못합니다. 헤지키아를 아는 수도승이라면, 그의 작품을 읽을 때 이 교부야말로 헤지카스트라는 것을 알아차립니다. 몇 가지 주목할 점을 제시하기 위해서 그의 거룩한 가르침의 한 부분을 인용해야 할 것 같습니다. 그는 기도 일반에 대해서, 그것의 가치에 대해서 말합니다. 그는 기도의 열매를 맺으려면 기도를 지성 안에 집중시켜야 하고, 그 기도가 애통하는 심령과 양심의 회개로부터 흘러나오도록 해야 한다고 말합니다.

> 기도는 강력한 무기, 흠 없는 보물, 고갈되지 않는 재산, 폭풍 없는 항구, 평화의 원리, 만복의 뿌리요 원천이요 어머니이며, 이 지상의 권세보다 더욱 강력한 힘입니다. … 기도는 가벼움이나 게으름이 아니라 열심을 가지고, 애통한 심령으로, 지성의 노력을 다해서 행해야 하는 것입니다. 왜냐하면 기도는 하늘로 올라가는 것이기 때문입니다. … 그러므로 우리의 양심을 뜨겁게 하고 우리 죄를 기억함으로써 영혼을 비탄에 빠뜨려야 합니다. 우리를 슬픔과 절망에 빠뜨리기 위해서가 아니라 그 기도가 들려지도록, 하늘에 상달되도록 금식과 철야로 기도해야 합니다. 사방으로 흩어졌던 지성을 모아 그 자신 안에 되돌아가게 하는 심령의 애통과 고뇌만큼 게으름과 나태함을 잘 몰아내는 것은 없습니다. 이렇게 상한 심령

을 가진 사람은 많은 기도를 드림으로써 그 영혼을 기쁨으로 채울 수 있습니다.

이어서 그는 오직 자신이 최고의 죄인임을 깨달을 때, 기도 안에서 평안함을 누릴 수 있다고 말합니다.

가장 훌륭한 헤지카스트라면 누구라도 아마 똑같은 방식으로 말했을 것입니다. 이 인용문 안에서 우리는 몇 가지 주목해야 할 점들을 발견할 수 있습니다.

첫째, 먼저 인용문은 기도를 영혼의 애통과 지성의 노력에 밀접하게 연결 짓습니다. 견고한 기도가 일어나기 위해서는 먼저 지성이 혼란으로부터 벗어나 자신 안으로 들어가야 합니다.

둘째, 기도가 효과적으로 일어나도록 하려면, 앞서 말한 것처럼 먼저 마음을 뜨겁게 해야 합니다. 마음이 뜨거워지고 지성이 돌아오면, 이제 기도가 우리에게로 돌아옵니다.

셋째, 마음의 뜨거움은 죄에 대한 기억, 자신에 대한 혐오, 나 자신이 누구보다도 못하며 피조물 중 가장 낮은 존재라는 것에 대한 인식과 함께 나타납니다. 이렇게 오직 기도 안에서 살아갈 때 비로소 우리는 영적 기쁨, 그리스도의 은총을 얻을 수 있게 됩니다.

보십시오. 이 얼마나 훌륭한 헤지카즘이며, 신비적 고부입니까?"

"성 요한 크리소스토모스의 이 인용문에 대한 아버지의 분석은 정말 놀랍습니다. 정말 이 교부의 견해에 깊이 감명 받았습니다."

"당신의 말에서 한 가지 정정을 해도 될까요?"

"물론입니다."

"그것은 성 요한 크리소스토모스 개인의 견해가 아닙니다. 오히려 그것은 그를 통해 전해진 교회의 가르침입니다. 마치 교부들을 철학자, 사회학자, 윤리학자처럼 생각하여, 교부들의 견해라는 식으로 말해서는 안 됩니다. 성령의 조명을 받은, 그리스도의 영광스러운 몸의 한 지체인 교부들의 가르침이라고 해야 옳습니다. 교회 안에서 살아감으로써, 우리는 고립된 개인이기를 그치고 인격이 됩니다. 우리는 거룩한 삼위일체의 에너지(능력)가 됩니다. 지성은 성령의 '조명을 받아' 성령의 강단(講壇)이 됩니다. 교회 안의 모든 중요한 사역은 순종으로 시작합니다. 이렇게 교부들은 자유롭게 하느님께 복종했으며, 그래서 변화되어 하느님의 도구가 되었습니다. 그들은 먼저 삶으로 체화했고, 그리고 나서 다른 이들을 돕기 위해 말했습니다."

"오류를 바로잡아주셔서 정말 감사드립니다. 하지만 아직 몇 가지 더 설명해 주시면 좋겠습니다. 앞에서 우리는 헤지카스트 수도승이라면, 성 요한 크리소스토모스를 비롯한 여러 공통 교부들을 읽을 때 그들에게서 신비교부의 면모를 발견할 수 있게 된다는 것에 대해 말했습니다. 하지만 우리는 왜 그런 것을 알아채지 못하는 것입니까? 어째서 우리는 그 교부들에게서 이러한

내적 삶과는 동떨어진 '공통' 교부로서의 특징만을 보게 되는 것입니까?"

"그것은 성령이 우리 안에서 활발하게 일하시지 않기 때문입니다. 성경과 교부 저작은 성령의 조명 아래서 씌어졌습니다. 그렇기 때문에 그것들은 오직 성령의 조명을 통해서만 올바르게 설명되고 이해될 수 있습니다. 교부들의 정신을 소유한 사람, 성령을 소유한 사람은 어떤 교부의 저작을 읽든, 그를 통해, 성령 안에서 주님을 '알게 된' 사람, 즉 헤지카스트, 신비가(神祕家)를 만나게 될 것입니다. 성인은 오직 성인에 의해서만 간파됩니다. 왜냐하면 그들은 하나의 유사한 삶, 하나의 공통된 행위, 하나의 일치된 표현을 가지고 있기 때문입니다. 그들이 사용하는 어휘 안에서, 때로는 그들 자신만의 표현 방법 안에서, 그들은 거룩한 교부 안에서 일하시는 하느님의 은총을 알아차립니다. 예를 들어, 하느님 관상을 경험한 사람은 성 대 바실리오스의 성만찬 기도문을 읽을 때 비록 그것이 기도문 속에 직접적으로 표현되지 않았음에도 불구하고 곧바로 '아, 성 대 바실리오스가 창조되지 않은 빛을 보았구나.' 하고 이해합니다. 하지만 사회학자와 윤리학자는 교부들의 다양한 저작을 연구할 때 그것들을 수없이 나누고 해부합니다. 불건전하고 인간 중심적인 사상을 부각시키기 위해 금욕적 정신을 벗겨버리고 교부 저작을 파편적으로 사용하는 것은 이단 중에서도 가장 지독한 이단입니다. 금욕과 참회의 정신에서 벗어나 교부들을 생각할 때, 우리는 그들을 조각내게 되고, 또 그렇게 해서 조각난 부분은 하나의 변질일 뿐입니다.

모든 이단이 바로 그런 짓을 했습니다. 그들은 이해하지도 못했고 또 그것을 이해하기 위해 요구되는 사전 조건을 충족시키지도 않은 채 교부들의 여러 문장을 이용했습니다. 그런 의미에서 오늘날 폭넓게 확산된 '교부들에게로 돌아가자.'라는 슬로건은 교부 본문에 대한 단순 연구보다는 교부들의 삶을 터득해야겠다는 결심과 노력을 독려하는 것으로 이해되어야 할 것입니다. 거룩한 교회 안에서 살아가야 합니다. 거룩한 신비(성사, 聖事)와 거룩한 덕 안에서 살아가야 합니다. '개인'이기를 멈추고 그리스도의 합당한 지체들인 '인격체'로 살아가야 합니다."

이때, '은총으로 충만한' 제자가 무엇을 접대해야 할지 물어보기 위해 우리에게 다가왔다. 영적 아버지는 완전히 몰입해 있었기에 방문객을 환대해야 하는 수도승의 규칙을 잊고 있었다. 뭔가 환영의 표시로 접대를 해야만 했던 것이다. 손님을 축복하기 위해 또 손님으로부터 은수처에 대한 축복을 얻기 위해서 말이다. 영적 대화는 이 모든 것을 완전히 잊게 만들 정도로 깊어졌다.

"그럼 그래야지. 신부님께 뭐라도 좀 대접하거라."
"아버지, 무엇을 갖다 드리면 될까요? 사탕과자나 과일 말린 것, 아니면 다른 것을 가져올까요?"
영적 아버지는 적절한 지시를 내리고는 제자를 치켜세우기 시작했다.

"나는 저런 제자를 둘 자격이 없습니다. 하느님께서 나의 죄를 불쌍히 여기셔서 내게 천사들을 보내주셨습니다. 나는 제자들을 두고 있는 것이 아니라 나를 돕는 천사들을 두고 있습니다. 그러니 내가 어찌 지극히 거룩하신 하느님께 감사드리지 않을 수 있겠습니까? 특별히 당신께서 좀 전에 보신 제자는 마치 어린아이와 같습니다. 이는 우리가 말하고 있는 영적 기도를 실천하는데 반드시 필요한 것이지요.

성 교부들은 만약 구원받기 원한다면 '어리석은 바보'[2]나 '어린이'[3]가 되어야 한다고 우리에게 가르칩니다. 비록 우리 모두가 큰 죄를 지었다 할지라도, 우리는 성령의 은총을 통하여 죄를 범하기 이전과 같은 영적 젊음과 어린이의 마음을 얻을 수 있습니다. 영적인 삶의 법은 육적인 삶의 법과 반대입니다. 사람은 젊은 시절을 지나 차차 늙어가지만, 영적 삶에 있어서는 죄로 인해 야기된 노쇠함에서 다시 어린이가 되어갑니다."

제자가 접시에 루쿠미(사탕과자)와 마실 물을 조금 가져왔다. 암자의 따뜻한 환대의 마음이 고스란히 담겨 있었다. 물 잔을 들고 나는 아버지께 축복해 주길 간청했다.

"내가 어린이와 바보가 될 수 있도록 기도해 주십시오."

---

2 우리는 그리스도를 위하여 바보가 되었고 (I 고린토 4:10)
3 나는 분명히 말한다. 너희가 생각을 바꾸어 어린이와 같이 되지 않으면 결코 하늘나라에 들어가지 못할 것이다. (마태오 18:3)

때때로 말이 끊겨 더 이상 기도할 수 없는 순간이 존재한다. 그럴 때 사람들이 필요하다고 느끼는 유일한 것은 오직 기도와 축복을 부탁하는 것이다. 바로 이것이 아토스 성산에서 경험할 수 있는 것이다. 그런 이유로 사람들은 기도하기보다는 기도를 부탁한다.

"축복해 주십시오",
"주님께서 축복하시길."

사람들은 "안녕하십니까?", "안녕히 주무십시오." 라고 인사하지 않는다.
내가 "축복해 주십시오." 하고 말했을 때, 또 내가 루쿠미의 달콤함을 맛보았을 때, 나는 스스로에게 이렇게 말하고 있었다.

> 아버지, 오래 사십시오, 우리 같은 죄인들이 살아갈 수 있도록, 오래도록 사십시오! …

깊은 침묵이 흘렀다. 나는 아버지가 '기도' 중이라고 짐작했다. 하느님 안에서 희열을 맛보고 있었기에 기도가 끊임없이 솟아나는 이런 상태에 잠기게 된 것이다. 그분에게 다시 말을 거는 것은 쉽지 않았다. 하지만 그렇게 하지 않을 수 없었.

"영적 아버지, 이런 깊은 침묵 가운데 있으니, 나의 존재 자체가 좀 낯설게 느껴지는군요. 나는 그야말로 당신의 삶에 기생하

는 존재일 뿐입니다."

"아닙니다. 그렇게 말하지 마십시오. 우리는 그대를 세상에 살면서 선한 싸움을 경주하며 하느님의 은총을 누리는 형제라고 여기기 때문입니다."

"우리가 받은 은총과 아버지께서 누리는 은총을 어찌 감히 비교하겠습니까!"

"아닙니다. 그대는 우리보다 더 많은 은총을 받았습니다. '죄가 많은 곳에는 은총도 풍성하게 내렸습니다.'(로마 5:20)라고 하지 않았습니까? 하느님은 그대를 그의 사랑 안에 보호하시기 위해 더 많은 자비를 베푸십니다. 하느님은 그대를 더 사랑하십니다."

"아버지의 겸손의 표현으로 받아들이겠습니다." 나는 사랑과 겸손에 항복하여 이렇게 말했다. "조금 전에 지옥에 대해, 낙원에 대해, 죄인으로서의 우리 자신의 상태에 대해 생각할 때 일어나는 마음의 따뜻해짐에 대해 말씀하셨습니다. 하지만 이런 상태가 어떤 문제를 야기하지는 않는지요? 그 전에 아버지께서는 아무런 상상도 하지 않고 기도해야 한다고 말씀하셨습니다. 지성은 어떤 형상을 떠올려서는 안 된다고요. 그럼에도 불구하고 이러한 영적 기도 속에 형상들이 떠올라 기도를 방해하지는 않을까요?"

"먼저 이러한 생각은 단순한 잡념이 아니라는 것을 강조해야 할 것입니다. 그것은 상상이 아니라 영적인 노동입니다. 우리는 단지 생각하는 것에 그치지 않고 그것을 살아냅니다. 예를 들어, 가끔 나는 몇 분간 지옥에 대해 생각합니다. 그곳은 수많은 죄로 얼룩진 나에게 가장 적절한 곳이라고 말입니다. 그러면, 나는 정말 깊은 어둠과 절망에 갇히게 됩니다! 나는 지옥의 헤아릴 수 없는 고통과 설명할 수조차 없는 아픔을 경험합니다. 이런 상태로부터 다시 나의 본래 모습으로 돌아오면, 나의 방은 참을 수 없는 악취로 가득합니다. … 당신은 지옥의 그 악취와 정죄 받은 자가 겪는 그 고통을 상상할 수 없을 것입니다."

나는 지옥에서조차 자신의 지성을 잃지 않는 거룩한 영성가 앞에 서 있음을 깨닫는다. 그 분이 계속해서 말씀을 이어가도록 하기 위해 나는 한 마디도 덧붙이지 않고 잠잠히 귀를 기울였다.

"그리고 나면, 이런 생각을 통해서 기도에 앞서서 마음의 따뜻해짐이 일어납니다. 사실, 마음이 따뜻해진 후에 기도를 시작하면, 그때부터는 이러한 주제에 대한 어떠한 생각도 일어나지 않도록 해야 합니다. 그래서 지성과 마음을 기도의 말 한마디 한마디에 집중시키려고 해야 합니다. 이렇게 할 때 우리는 형상이 떠오르지 않는 상태, 교부들이 그렇게도 강조해 마지않았던 그런 상태에 이르게 됩니다. 말하자면 지성이 '어떤 모습이나 형상도' 떠올리지 않는 상태 말입니다.

기도는 하나의 투쟁입니다. 기도는 악마에 대한 신자들의 투쟁을 격화시킵니다. 하지만 기도 그 자체로도 정말 끔찍하고 피튀기는 투쟁입니다. 우리의 모든 노력은 우리의 지성이 기도의 낱말 하나하나에 집중할 수 있도록, 좋은 것이건 나쁜 것이건 악

마가 우리에게 보내는 각각의 생각에 대해 우리의 지성이 벙어리가 되고 귀머거리가 되도록 하는 데 모아집니다. 다시 말해 밖으로부터 오는 어떤 말도 듣지 않고, 또 그것에 대답하지 않도록 해야 합니다. 그것들을 무시해 버려야 하고 그것들과 이야기를 다투려고 하지 말아야 한다는 것은 정말로 절대적입니다. 모든 수단을 동원해서 우리는 우리 지성의 완전한 침묵을 추구해야 합니다. 왜냐하면 이런 일을 통해서만 우리는 우리 영혼을 침묵 안에 유지할 수 있고, 이를 통해 기도가 효과적으로 이루어질 수 있기 때문입니다. 혼란스런 생각을 마음속으로 실어 나르는 것이 바로 지성이라는 사실은 이미 잘 알려져 있습니다. 혼란스러워진 마음은 또 영혼을 괴롭힙니다. 바람이 바다에 물결을 일으키듯이, 생각의 바람은 영혼에 풍랑을 일으킵니다. 그러므로 주의 집중은 기도에 아주 불가결한 것입니다. 이런 연유로 교부들은 절제와 기도를 함께 이야기 했던 것입니다. 절제는 영혼을 오랫동안 깨어있게 하고 준비되어 있게 합니다. 그리고 기도는 하느님의 은총을 가져다줍니다.

이러한 목적을 위해서 우리는 다양한 방법을 사용합니다.

기도라는 거룩한 일을 시작하기에 앞서, 먼저 이 일이 우리에게서 요구하는 것들, 말하자면, 타오르는 열망, 변함없는 기다림, 내적 불꽃, 하느님의 사랑 안에서 소망을 잃지 않는 인내 등과 같은 자세를 영(靈) 안에 간직해야 합니다. 그리고 나서 '우리 하느님은 이제와 항상 또 영원히 찬미 받으시도다. 아멘!'이라는 기도로 시작해서, '하늘의 임금이시여,…'(성령기도)와 삼성송

(Trisagion), 그리고 참회와 회개의 마음으로 참회의 시(詩), 시편 51편을 음송하고 이어서 니케아 신경을 암송합니다. 그런 다음에 우리의 지성을 고요와 침묵 속에 집중시키기 위해 노력합니다. 조금 전에 말했던 것처럼 형상을 가지지 않은 여러 가지 생각으로 우리의 마음을 따뜻하게 합니다. 그러면 얼마 후에 마음에 불이 타오르고 경우에 따라서는 참회의 눈물을 흘리게 됩니다. 그런 다음에 기도를 시작합니다. 천천히 기도문을 소리 내어 말합니다. 지성이 기도문의 낱말 하나하나로부터 달아나거나 벗어나지 않도록 노력합니다. 낱말과 낱말은 어떤 생각도 어떤 일도 끼어들 틈이 없이 이어져야 합니다. '나를 불쌍히 여기소서.'라고 말한 뒤, 우리는 틈을 주지 않고 '하느님의 아들, 우리 주 예수 그리스도시여,'라고 이어가야 합니다. 악마가 끼어들지 못하도록 마치 둥근 원처럼 기도문을 이어가야 합니다.

악마는 온갖 수단을 다 동원하여 기도문의 단일성을 깨버리고 지성과 마음 안에 파고들어가려 한다는 사실을 반드시 알고 있어야 합니다. 미세한 틈만 있어도 악마는 이 틈을 통해 거대한 폭탄(생각)을 들여 놓아 우리의 거룩한 뜻을 날려버리려고 할 것입니다. 그렇게 하도록 내버려 두어서는 안 됩니다. 귀로 들을 수 있도록, 그래서 지성이 자신을 집중하는데 도움을 받을 수 있도록 입으로 소리 내어 기도합니다. 또 다른 방법은 지성으로 마음으로 아주 천천히 기도하는 것입니다. '나를 불쌍히 여기소서.'라고 한 후 잠시 멈춘 뒤 주의가 흐트러지려 할 때, 다시 기도를 처음부터 시작합니다.

우리 자신이 죄인임을 더욱 뜨겁게 느끼도록 하기 위해 사용하는 여러 방법에 있어서, 교부들이 충고하듯이, 우리 자신의 죄성을 계속해서 느낄 수 있도록 기도에 '죄인'이라는 낱말을 덧붙이는 것이 좋을 것입니다. 즉, '주 예수 그리스도시여, 죄인인 나를 불쌍히 여기소서.' 혹은 '주여, 죄인인 나를 불쌍히 여기소서.', 혹은 '주 예수여'라고 간단하게 기도할 수도 있을 것입니다. 기도 안에서 정진해 나갈 때, 그리스도인은 기도 말 전체를 읊지 않을 수도 있습니다. 때로는, '예수'라는 이름에 멈출 수도 있고, '예수여, 예수여, 예수여…'하고 반복하여 이름을 부를 수도 있습니다. 그러면 평화와 온화한 기운이 물결처럼 뒤덮을 것입니다. 이 온화함이 일어날 때 그 안에 머물러 있는 것도 좋지만 기도를 멈추어서는 안 됩니다. 비록 정해진 기도 계획이 다 끝났더라도 말입니다. 이 따뜻한 기운, 하느님의 이 은사를 얻기 위해 노력하십시오. 왜냐하면 그것은 하느님께서 위로부터 보내주시는 아주 커다란 은총이기 때문입니다. 이 온기는 지성이 기도의 낱말에 집중하고, 마음으로 내려가 그곳에 머물도록 하는 데 큰 도움이 될 것입니다. 하루 종일 기도에 전념하길 원하는 사람은 한 시간씩 번갈아 가며 기도와 독서를 반복하라는 성 교부들의 권고에 귀 기울여 들어야합니다. 또한 노동할 때도 기도문을 음송하는 것을 게을리 하지 않아야 합니다.

　더 나아가 알맞은 몸의 자세는 기도의 경주자가 기도하는 것을 도와줍니다. 몇 시간 동안 계속 기도하려면, 등이 없는 낮은 의자에 앉아 두 눈을 감거나, 두 눈을 한 곳, 가급적이면 마음이 자리 잡고 있는 가슴에 고정시킵니다. 성 그레고리오스 팔라마스는 성경이 말하고 있는 엘리야의 모범을 제시합니다.

> 엘리야는 갈멜 산 꼭대기로 올라가서, 땅을 바라보며 몸을 굽히고, 그의 얼굴을 무릎 사이에 넣었다.
>
> 이렇게 기도함으로써 엘리야는 가뭄을 그치게 하였습니다.
>
> 그러는 동안 하늘이 구름으로 덮이어 캄캄해지면서 바람이 일기 시작하더니 마침내 큰 비가 쏟아지기 시작하였다. (열왕기상 18:42~45)

그렇습니다, 신부님. 엘리야는 이런 자세로 기도하여 하늘이 열리게 했습니다. 우리 역시 이렇게 기도함으로써 하늘을 엽시다. 그러면 우리 마음 안에 하느님의 지극하신 사랑의 샘이 열리게 될 것입니다."

나중에 나는 영적 아버지께서 인용한 그레고리오스 팔라마스의 글을 읽어보았다.

> 발람의 철학은 헤지카스트를 우스꽝스럽게도 옴팔로프쉬케스(배꼽에 영혼을 가지고 있는 사람들)로 취급했다. 성 떼오포르 그레고리오스는 헤지카스트의 자세와 기도 수행을 정당화하면서 이렇게 대답했다.
> '완전에 이르러 하느님을 보았던 엘리야 자신도 자기 머리를 무릎 사이에 묻고, 각고의 노력을 들여 온 정신을 자신과 하느님께 집중

시킴으로써 수년 동안이나 계속되었던 가뭄을 멈추게 하였다'.

하느님을 본 이 거룩한 교부는 또한 시선의 고정이 하나의 유익하고 훌륭한 방법이라고 조언한다.

> 시선을 이리 저리 돌리지 마십시오. 반대로 시선을 자기 가슴이나 배꼽에 고정시키십시오. 이런 몸의 자세를 통해서 마음속에 있는 지성의 요동치는 힘을 제압하고, 이 응시를 통해 그 힘이 빠져나가도록 하십시오.

영적 아버지는 말씀을 이어가셨다.

"장소 또한 아주 커다란 역할을 합니다. 장소는 조용한 곳이어야 하고, 외적인 고요를 보장해 주는 곳이어야 합니다. 또한 적절한 때 또한 중요합니다. 하루 종일 일을 하고 난 후에는 보통 지성이 여러 가지 일들로 분산됩니다. 그래서 교부들은 특별히 해가 뜨기 전에, 즉 지성이 피곤함과 분주함으로부터 되돌아와 고요를 찾고 또 몸이 충분한 휴식을 취한 뒤인 이른 아침에 한두 시간 정도 영적 기도를 드리라고 조언한 것이지요. 그러면 우리는 아주 많은 열매를 수확하게 될 것입니다."

"영적 아버지여, 지성이 흥분되어 있을 때 그것을 진정시키려면 어떤 방법을 써야합니까? 사실 제게도 그런 상태가 아주 자주 발생한다는 것을 주의 깊게 살펴본 적이 있습니다."

"여러 가지 이유로 인해서, 기도 활동을 어렵게 만드는 메마른 시간들이 몇 시간, 심지어 며칠 동안 지속되기도 합니다. 이럴 때는 기도하기가 너무 힘겹고 고통스럽습니다. 그럼에도 불구하고 우리가 이를 잘 견디어 낸다면, 하느님의 은총이 기도를 다시 회복할 수 있도록, 또 은총에 의한 우리 자신의 신화(神化)를 향해 꾸준히 나아갈 수 있도록 우리를 도울 것입니다. 이런 어렵고 고단한 순간들을 잘 지날 수 있도록 도와줄 몇 가지 방법을 알려드리겠습니다.

무엇보다도, 이런 저런 핑계를 대면서 용기를 잃어서는 안 됩니다. 또 이런 순간은 오히려 큰 소리를 내어 기도해야할 순간임을 명심하십시오. 정신을 말(言)에서 지켜내어 고요하게 기도할 수 있는 능력은 영적으로 강하고 '은총으로 가득한' 사람들이 누리는 특권입니다. 하지만 우리같이 나약한 죄인들은 매번 값비싼 노력을 지불해야 하고 정말 피땀을 흘려야만 합니다. 우리의 지성이 무너져 내려 계속해서 분산되는 것을 알게 되었다면, 하느님께 도움을 요청하십시오. 풍랑의 무서운 위력을 보고 바다 속으로 빠져 들어가고 있었을 때, 베드로 사도는 '주님, 살려주십시오!'(마태오 14:30)하고 소리쳤습니다. 잡념과 권태의 풍랑이 일어날 때에도, 똑같이 해보십시오. 그러면 베드로 사도에게 그러하셨듯이, '예수께서 곧 손을 내밀어서, (우리를) 붙잡아주시고' 구해주실 것입니다. 이렇게 열을 다하여 기도하고 나면, 하느님의 도움으로 우리를 분산시켰던 모든 상황은 주님 이름의 위력에 놀라 연기처럼 다 사라지고 말 것입니다. 다시 한 번 말하지만 이런 경우 결코 근심해서는 안 됩니다. 오히려 계속해서 이에

저항해야 합니다. 우리의 저항은 악마의 집착만큼이나 강해야 할 것입니다.

더 나아가 기도 중에는 좋은 생각조차 받아들이지 않아야 합니다. 왜냐하면 좋은 생각도 지성을 흥분시키며, 지성이 흥분되면 악한 생각을 받아들이기 때문입니다. 말하자면 기도 중에 일어나는 좋은 생각은 악마에게 승리의 개선문을 열어주어, 거룩한 기도 활동을 그치게 하고, 그래서 우리로 하여금 영적인 간음에 빠지도록 만든다는 말입니다. 그래서 교부들은 기도하는 중에 영이 하느님에 대한 기억으로부터 멀어지는 것을 두고 영적 간음을 저지르는 것이라고 말했습니다. 그것은 하느님을 배반하는 것이고, 하느님을 부정하는 것입니다. 질투심으로 가득 찬 선(善)의 원수들 때문에 지극히 온유하신 예수님을 배반하고 부정하는 것보다 더 큰 죄가 있을까요?

이 모든 것에도 불구하고 분산된 우리 지성을 다시 집중시킬 수 없다면, 우리의 투쟁은 더욱 강력해져야만 합니다. 신부님, 배는 바람이 불면 돛으로, 바람이 그치면 노를 저어서 바다를 건너갑니다. 기도도 마찬가지입니다. 우리 안에 그리스도의 은총의 온기가 자리 잡으면, 기도는 순조롭게 진행됩니다. 이와 같은 온기를 느끼지 못한다면, 힘들여서 노를 저어야 합니다. 다시 말해 더욱 강력한 투쟁을 전개해야 한다는 것입니다.

그러므로 교부들의 가르침 안으로 피신해야 합니다. 우리의 영을 집중할 수 있게 해주는 교부들의 다양한 저작을 공부하십시오. 이런 공부를 통해서 마음에 위안을 받게 되면, 공부를 접고 다시 기도를 시작하십시오. 바로 이런 방식으로 교부들이 한 말을 이해하려고 해야 합니다. 또한 메마른 논리가 아니라 마음으로 관상하면서 책을 읽어야 합니다. 마음으로 쓰여진 책은 마음으로 읽으십시오. 그런 책을 주신 것에 대해 감사한 마음을 가지십시오. 이런 방법으로 독서와 기도를 결합하십시오. 왕이요 예언자인 다윗의 몇몇 시편을 되풀이 하여 읽으면서 시편 음송 안으로 피신하십시오. 그 전에 하느님의 사랑이나, 우리의 죄인 된 상태나, 주님의 다시 오심이나, 하느님의 은총을 간구하는 것과 관련된 겸손의 뜨로파리온(찬양송)을 몇 개 선택하여 노래로 부르는 대신 소리 높여 암송하는 것도 좋습니다. 또 거룩한 교부들이, 예를 들어 시리아의 이삭 성인과 같은 교부가 지은 겸손의 기도를 몇 개 암송하십시오. 앞에서 나는 이런 상황에서는 소리 높여 기도하는 것이 필요하다고 말했습니다. 또한 기도가 보다 실천적인 것이 되도록, 기도 매듭을 가지고 기도하라고 말했습니다. 물론, 별로 열매를 얻지 못할 수도 있습니다. 하지만 아무리 작은 것이라 할지라도 결코 유익이 없지는 않습니다. 다시 한 번 반복합니다. 이런 상황에서는 정말 많은 인내와 끈기가 필요합니다. 이렇게 해서 떠오른 생각은 우리에게 유익한 것일 수도 있고, 우리를 정화시키는데 소용될 수도 있을 것입니다."

"그런 생각이 우리의 정화에 도움이 된다니요? 어떤 도움이 될 수 있다는 말씀이지요?"

"우리가 기도하는 모습을, 또 그 기도 안에 우리의 지성을 고

정시키려고 하는 모습을 보게 되면, 그 때 악마는 지성을 분산시키기 위해 안간힘을 씁니다. 악마는 수단 방법을 가리지 않습니다. 악마들은 그 중에서도 특별히 우리들을 가장 괴롭힐 수 있는 생각을 불러일으킵니다. 악마는 우리를 가장 고통스럽게 하는 감각적인 지점을 공격합니다. 쾌락을 물리치기 힘든 초보자에게는 쾌락의 생각을 심어주고, 물질에 약한 초보자들에게는 부(富)에 대한 생각을 심어주고, 영광을 쫓는 사람에게는 영광에 대한 생각을 심어줍니다. 기도 중에 습관적으로 떠오르는 이러한 생각 중에서 우리가 감각적인 지점들, 우리 안에 있는 불결함들, 다시 말해 정욕의 존재를 알아차릴 수 있을 때, 우리는 이런 생각에서 우리의 관심을 되돌려 싸울 수 있습니다."

"영적 아버지시여, 말씀을 중단시켜 죄송합니다. 사실 저는 기도 경험이 많은 것은 아니지만, 간혹 기도를 드리려고 애를 쓰면, 곧 피곤함이 밀려와 머리뿐만 아니라 종종 심장까지 아픔을 느끼게 됩니다. 이것은 왜 그런 것입니까? 그리고 이럴 경우에는 어떻게 해야 합니다?"

"머리와 심장의 고통은 이 영적 싸움의 초기에 신자들에게서 나타나곤 합니다. 신자들은 자주 머리가 깨지고 심장이 터져버릴 것이라고 생각하곤 합니다. 그만큼 지독하게 고통스럽기 때문에 곧 죽게 될지도 모른다고 생각합니다. 이 고통은 거의 육체적인 것이 아닙니다. 그것은 이 기도 활동에 지성이 익숙하지 못해서, 또한 몸으로 특별한 자세를 취하기 때문에 생기는 것입니다. 그렇지만 악마는 기도를 중지시키는데 이것을 사용하려고 노력합니다. 머리가 아플 경우, 끈기를 가져야 합니다. 심장이 아플 경우에는 이 기도 활동에 있어서 너무 조급하게 앞서가지 않았는지 혹은 적절치 못한 방법을 사용하지는 않았는지 검토해 보아야 합니다. 하지만, 심장의 고통은 지성으로 하여금 고통 받는 이 지점에 집중하게 할 기회를 제공함으로써, 또한 그렇게 하여 편안한 기도를 할 수 있도록 허락함으로써 기도 활동을 도울 수도 있습니다."

"정말 간결하게 요약해 주셨습니다. 하지만 지성이 고통 받을 때 왜 끈기 있게 참아야 하는지 구체적으로 말씀해주시겠습니까?"

"왜냐하면 그런 고통이 있은 후 곧 지성의 정화가 시작될 것이기 때문입니다. 이 정화는 눈물과 함께 시작될 것입니다. 눈물은 강물처럼 흐르고 지성은 정화되어 마음 안으로 들어가게 될 것입니다. 그렇게 되면 고통과 장애는 멈출 것입니다. 이 눈물은 참을 수도 없고 설명할 수도 없으며 어떤 노력으로 얻어지는 것도 아닙니다."

영적 아버지께서 잠시 말씀을 멈추었다. 나는 그의 얼굴에서 빛나는 눈물을 보았다. 그 순간 원치도 않게 내 눈에서도 눈물이 흘렀다. 그의 음성과 밝게 비추는 생각들이 돌과 같은 내 마음을 깨부수었던 것이다. 나는 『교부들의 금언집』에 소개된 아르세니

오스 성인을 생각했다.

> 그는 평생 동안, 앉아서 일할 때마다 눈에서 흐르는 눈물 때문에 가슴에 천 조각을 걸치고 있었다고 사람들은 말한다. 아빠스 삐멘은 그가 돌아가셨다는 소식을 듣고 울면서 이렇게 말했다. "아빠스 아르세니오스, 당신은 행복한 분이십니다. 당신은 여기 이 세상에서 당신 자신을 두고 애통하였기 때문입니다. 이승에서 눈물을 흘리지 않는 사람은 저승에서 영원히 눈물 흘릴 것이기 때문입니다. 왜냐하면 이승에서 자발적으로 애통한 삶을 살든, 저승에서 고통 속에 울부짖든, 눈물을 흘리지 않는 것은 불가능하기 때문입니다."

그는 침묵을 깨고 다시 말을 이어갔다.

"고갈되지 않는 눈물의 홍수를 겪은 후에, 어떤 고통이 찾아와도 기도를 중단해서는 안 됩니다. 왜냐하면 이런 생각은, 우리를 멸망시키고 죽음으로 이끌어 가는 것을 지상 목표로 삼고 있는 배신자요 간악한 자요 가장 교활한 자인 악마가 넣어준 것이기 때문입니다. 기도의 경주자는 이 악마의 계교와 숨은 의도를 압니다. 악마는 속삭입니다.

> 기도를 중단해! 그렇지 않으면 너는 미쳐 버릴거야. 심장이 마비되고 말거야!

『교부 금언집』에서 하나의 예를 읽어드리겠습니다.

> 한 수도승이 있었다. 그가 기도를 하려고 할 때마다, 오한과 고열

이 그를 사로잡았다. 그는 엄청난 두통에 시달렸다. 그러자 그는 속으로 이렇게 말했다. '나는 병이 든 게 틀림없어. 곧 죽게 될거야. 그러니 죽기 전에 일어나서 기도를 드리자.' 기도가 끝나자마자 고열이 감쪽같이 사라졌다. 그리고 다시 같은 생각으로 그는 기도를 드렸고 사탄에게 정면으로 대항하여 승리를 거두었다.

이것이 바로 기도의 경주자가 어떤 고통이든 그것들을 무시해 버려야 할 이유입니다."

"영적 아버지여, 심장의 고통에 대해서 좀 더 말씀해 주시기를 부탁드립니다. 내가 알기로는 많은 교부들이 이 고통에 아주 중요한 의미를 두었고 그것을 예수기도가 거쳐 가야할 정상적인 길로 간주했기 때문입니다. 만약 그럴 계제가 아니라면 이 점에 관해서 몇 가지 지침만이라도 전해주십시오."

"신부님께서 방금 말씀하신 것은 사실입니다. 예수기도에 전념했던, 아니 그 기도를 경험했던 모든 교부들이 바로 이 단계를 거쳐 갔고 그 결과 이 단계에 아주 커다란 의미를 부여했습니다. 끊임없이 예수기도에 전념하는 사람들은 이 고통이 와야 한다는 것을 잘 알고 있습니다. 그들은 이 고통에 아주 커다란 의미를 부여합니다. 왜냐하면 지성이 마음 안에 들어서고 성령의 활력에 의해 지성과 마음이 하나가 됨을 의미하는 이 고통이 나타나면서부터 고요함이 영혼과 몸 안에 퍼져나가기 때문입니다. 영혼의 이성적인 부분이 정화되고 생각에 대한 명확한 식별이 가능해집니다. 그 때 비로소 생각을 구별할 수 있게 되고 그것의

발전과 귀결을 이해할 수 있게 됩니다. 바로 이렇게 해서 헤지카스트들은 비록 외적으로는 아무런 죄를 범하지 않았을지라도 죄인의 상황을 잘 알게 되는 것입니다. 이런 일이 가능한 이유는 금욕적 지식이 생각의 기원과 여정과 귀결을 잘 알고 있기 때문입니다. 바로 이러한 틀 안에서 금욕가는 누군가를 위해서 기도할 때, 그가 어떤 상태에 있는지 금방 이해할 수 있게 될 것입니다. 그 마음이 기도의 활력에 극도로 민감해지기 때문이지요. 이렇게 해서 그는 통찰력을 지닌 사람이 되는 것입니다.

하지만 몇 가지 구별하는 것이 좋을 듯합니다.

조금 전에 우리는 기도란 인간 전체, 다시 말해 영혼의 세 가지 능력을 하나로 통일시키는 데 목적이 있다고 말했습니다. 먼저 마음[4]에 주의를 집중해야 합니다. 처음에 기도의 힘을 느끼는 것은 바로 마음이기 때문이지요. 이어서 지성과 마음을 연합

---

4 역자주 '마음'은 정교회 영성 전통에서 특별히 예수기도 실천에서 아주 중요한 개념이다. 우리말로 '마음'하면 다양한 의미가 있지만 이 책의 내용과 관련할 때 "사람의 생각이나 감정, 기억 따위가 생기거나 자리잡는 위치나 공간"이라는 사전적 뜻 풀이가 가장 적합할 듯 하다. 어떤 뜻풀이든 우리말에서는 '마음'과 우리 몸의 한 기관인 '심장'을 밀접하게 연관시키지 않는다. 또 '심장'이라고 말하면 어떤 지적 감정적 능력과는 거리가 먼 해부학적 개념이 되고 만다. 하지만 그리스말이나 서구 언어에서는 우리말의 '마음'과 '심장'이 아주 밀접하게 연관되어 있거나 이 둘을 하나의 단어로 표현한다. 그리스어의 'καρδια'(까르디아)가 그렇고 불어의 'cœur'(꾀르)가 그렇다. 이 '마음'은 '심장'과 직접적으로 연관되어 있는 개념임을 유념하고 읽어주길 바란다. 예를 들어, '마음의 고통'이라 하면 단지 심리적인 어떤 것에 머물지 않고, 실제로 심장에 어떤 물리적 고통이 따르는 것일 수 있다는 점을 잊지 말아야겠다. 또 '마음의 기도'는 '심장 기도'라 불리기도 하는데, 실제로 마음의 기도의 특징 중의 하나는 심장의 맥박과 리듬감에 기도를 실어가는 것이기 때문이다.

시켜야 합니다. 실제로, 교부들에 따르면, 먼저 마음이 하느님의 현존, 은총의 임재를 감지하고, 이어서 이성이 움직인다고 했습니다. 교부들은 먼저 생명이신 하느님을 체험했고 그 다음에 그 생명을 지키기 위해 하느님에 대해 말했습니다. 결과적으로, 성령 임재의 온기와 부드러움을 마음으로 먼저 느꼈다는 것입니다. 반대로, 은총의 부재는 마음의 차가움으로부터 알아볼 수 있습니다. 다시 말하지만 우리는 먼저 마음으로 그리고 그 다음에 지성으로 하느님을 사랑하게 됩니다. 하느님의 계명은 분명합니다.

> 네 마음을 다하고 네 목숨을 다하고 네 힘을 다하고 네 생각을 다하여 주님이신 네 하느님을 사랑하여라. (루가 10:27)

교회는 이성(理性)을 폐하지 않았다는 것, 다만 타락 이후 이성은 하느님을 감지할 수 없게 되어버렸다는 것은 그대도 아실 것입니다. 하지만 내적인 영적 감수성이 자라나면, 이성 또한 하느님을 알아볼 수 있게 된답니다. 그러므로 우리가 잘못된 길을 가는지 아니면 하느님의 계명을 준수하고 있는지를 식별하는 것은 먼저 마음입니다.

하지만 지성과 마음의 연합은 오직 지극히 거룩하신 성령의 능력을 통해 옵니다. 참회하고 그리스도의 계명을 지킴으로써 우리는 은총을 얻고, 그 은총의 힘으로 지성은 마음을 발견하고 그와 연합됩니다. 이것은 예수기도와 신화(神化)로 나아가는 결정적인 일보입니다. 바로 그런 이유로 해서 사람의 마음이 먼저 참

회의 눈물을 흘려야 합니다.

> 하느님, 내 제물은 찢어진 마음뿐, 찢어지고 터진 마음을 당신께서
> 얕보지 아니하시니 … (시편 51:17)

 분명 많은 사람들이 지성을 마음으로 내려 보내기 위해 다양한 방법을 사용하지만, 다시 한 번 강조하건대 가장 확실한 방법은 바로 참회입니다. 그러므로 우리 자신의 죄에 대해 눈물 흘려 마음이 부드러워지거나 따뜻해지는 것을 느낀다면, 그래서 마음의 움직임과 감수성을 알아차릴 수 있다면, 그것은 더없이 좋은 것입니다. 하지만 이것은 점진적으로 나타나야합니다. 왜냐하면 허약하고 준비되지 않은 마음에 갑작스럽게 솟아난 이 힘은 마음에 큰 타격을 줄 수도 있고, 비록 심각한 결과를 초러하지는 않을지라도 기도를 멈추게 할 수도 있기 때문입니다. 만약 그러한 고통이 있을 경우엔 큰 소리를 내어 기도하는 것이 좋다고 합니다. 하지만 마음이 강한 경우에는, 비록 마음이 고통을 느낄지라도 지성과 마음을 연합시키려는 노력을 계속 해나가는 것이 좋다고 합니다. 물론 이것은 우리의 영적 아버지들과 성령을 충만하게 받은 이들이 식별을 통해서 분명하게 밝혀주어야 하는 것이기도 합니다. 이 고통은 아주 건강하고 자연스러울 뿐만 아니라 구원을 가져다주는 것입니다. 많은 금욕가가 심장이 아프다고 생각되어 의사를 찾아갔지만 의사는 아무것도 발견하지 못했다는 경험담이 전해져 옵니다. 그것은 은총으로 가득 찬 고통입니다. 이 고통은 기도가 마음 안으로 들어가 그 안에서 드려지

고 있다는 것을 보여주는 증거입니다. 그것은 아주 중요한 일보입니다."

"많은 성인이 어떤 순간에 그들의 마음 안에서 기도가 이루어지고 있는지를 느낌으로 알 수 있었다는 이야기와 또 특별히 그것을 성모님의 중보에 힘입어 하느님으로부터 받은 선물이라고 느끼곤 했다는 이야기를 들었습니다. 그것은 정말입니까?"

"그렇고 말구요. 많은 헤지카스트 성인들은 어떤 순간에 기도가 그들 마음 안에서 드려지기 시작했는지를 잘 알 수 있었습니다. 그들은 이 순간부터 무엇을 하고 있든지 쉬지 않고 기도를 드리게 되지요. 기도는 결코 멈추지 않는답니다. 또한 그들은 그것을 거룩한 성모님의 선물이라고 느끼기도 했지요. 성 그레고리오스 팔라마스가 신학의 은사를 받은 것도 성모님 이콘 앞에서 "나의 어둠들을 밝혀주소서."하고 기도드릴 때였답니다. 성모님을 향한 사랑은 그리스도에 대한 사랑과 밀접하게 연관되어 있다고 말할 수 있지요. 우리는 그리스도를 사랑하기 때문에 또한 성모님을 사랑합니다. 아니 우리는 그리스도에 대한 사랑에 이르기 위해 성모님을 사랑한다고 할 수도 있지요. 교부들께서는 이점에 관해서 너무나도 분명한 입장들을 가지고 있었습니다. 콘스탄티노플 총대주교였던 성 게르마노스는 이렇게 말했습니다.

> 만약 성모님 당신께서 인도하지 않으신다면, 누구도 영적 완전에 이르지 못하며, … 만약 성모님 당신이 아니라면, 누구도 구원받

지 못합니다.

성 그레고리오스 팔라마스는 이렇게 말했습니다.

> 오직 성모님만이 창조된 본질과 창조되지 않은 본질 사이의 경계이다. 성모님이 아니고서는, 그 분이 낳으신 중재자 예수 그리스도가 아니고서는 아무도 하느님께 나아갈 수 없다. 성모님 없이는 사람도 천사도 하느님의 은총을 받을 수 없다.

우리는 하느님의 어머니를 통해서 많은 은총을 받습니다. 우리에게 가장 값진 은총이신, 그리스도를 주신 분이 성모님 바로 그분인데, 하물며 성모님께서 그 밖의 다른 은총은 주시지 않겠습니까? 바로 이런 이유 때문에 우리는 성모님께 '우리를 위해 중보하소서.'라고만 기도하지 않고 '지극히 거룩하신 하느님의 어머니여, 우리를 구하소서.'라고 기도하는 것입니다."

"아버지께서 지성과 마음의 연합에 대해 이야기할 때 저에게 떠올랐던 질문으로 되돌아가고 싶습니다. 지성이 마음으로 내려가면, 그곳에 계속해서 머물러 있게 되는지요? 또 그렇다면, 사람이 어떻게 이 지성을 이용하여 일할 수 있습니까?"

"먼저, 지성은 다른 것으로 변하지도 않고 사라지지도 않습니다. 그것은 자신의 통일성을 다시 찾게 되고 자신의 본라 상태로 되돌아갑니다. 지성이 본래 상태를 벗어나게 되는 것은 바로 그것의 본체인 마음을 떠나 있기 때문입니다. 기도를 통해서, 지성은 본래의 본성에 낯선 모든 요소를 내던집니다. 그런 다음 지성은 마음으로 내려갑니다. 말하자면 마음속에 '충일한 상태'로 머물러 있게 됩니다. 바로 이 '충일함'으로 인해 여타의 모든 활동이 정신의 흐트러짐 없이 이루어질 수 있는 것이지요. 예를 들면, 헤지카스트인 사제는 거룩한 성만찬 예배에서 보제와 다른 사제에게 신비의 성사를 집전함에 있어서 필요한 것들을 말해주고, 또 집전자로서의 자신의 역할을 흐트러짐 없이 행하면서도, 그의 지성은 마음 밖으로 흐트러지지 않을 수 있는 것입니다. 하지만 지성의 이 '충일함'이 온갖 부적절한 일에 끌려 다니게 되면, 결국 그 본체인 마음으로부터 분리될 수도 있습니다. 그래서 지성이 악의 유혹에 이끌려가지 않도록 하기 위해, 금욕가들은 기도할 때 꼼보스끼니(기도 매듭)를 이용하여 기도함으로써 이 충일함을 온전하게 차지하려 합니다. 악마는 이 충일함에 대해 정말 끈질기게 싸움을 걸어온다는 것을 신부님도 이해하셨으리라 믿습니다."

악마와의 투쟁 : 악마와 어떻게 싸울 것인가?

"아버지께서는 방금 악마가 우리에게 집요하게 싸움을 걸어온다는 것을 알게 해주셨습니다. 그런데 악마는 왜 우리를 넘어뜨리려고 하는 것입니까? 그리고 그 방법과 수단은 어떤 것들입니까? 또 이 기도에 대한 사람들의 생각을 어떻게 구분해야 하는 것입니까? 왜냐하면 어떤 이들은 여러 사실을 마치 자랑하듯 말

하기도 하는데, 그들의 생각의 어디까지가 악마에 의해 주입된 것인지 우리를 알지 못하기 때문입니다."

이 거룩하고 지혜로운 은수도승은 대답 대신 다시 한 번 『교부 금언집』을 손에 들고 천천히 펴 들더니 읽어나가기 시작했다.

> 형제들이 아빠스 아가톤에게 이렇게 질문했다. "아버지, 수도원 생활에서 가장 획득하기 힘든 덕은 무엇입니까?" 아빠스가 형제들에게 말했다. "무지한 나를 용서해주시게. 하지만 내 생각에 하느님께 기도드리는 것보다 더 힘겨운 것은 없다네. 왜냐하면 사람이 기도하기를 원할 때, 원수들은 그를 기도로부터 떼어놓으려고 갖은 노력을 다하지. 왜 그럴까? 원수들은 자신들의 일에 가장 장애가 되는 것이 바로 하느님께 드리는 기도라는 것을 잘 알기 때문일세. 사람이 어떤 방법으로 살아가든, 인내하면 고요함을 얻을 수 있지. 하지만 기도는 마지막 숨을 거둘 때까지 투쟁하지 않으면 안 된다네.

은수도승은 『교부 금언집』을 덮고 다시 말을 이어나갔다.

"거룩한 교부들은 사람은 언제나 악마들의 지배 하에, 적어도 그들의 억압과 집요한 적대 행위에 억눌려 왔다고 가르칩니다. 악마들은 계속해서 영혼 주위를 배회하면서, 모든 수단을 동원하여, 혹은 감각을 통해서 (감각의 대상이 가까이 있을 때) 혹은 상상을 통해서 (대상 혹은 모습이 멀리 떨어져 있을 때) 혹은 육체의 욕망의 움직임을 통해서 그 신자를 죄악에 빠뜨리려고 시도합니다. 바로 이것이 영혼과 육체로 구성된 인간이 사탄에 의해 그 영향력에 종속되고 포로가 되는 이유입니다. 하지만 악마의 이 전쟁은 특별히 기도하는 동안에 나타납니다. 이 영적 싸움 속에 있는 사람은 누구나 한 발자국을 내딛을 때마다 악마가 그들에게 맹렬하게 전쟁을 걸어오는 것을 봅니다. 그들은 악마가 하느님에게서 관심을 떼어놓기 위해 끊임없이 개입해 들어오는 것을 분명하게 알아봅니다. 그들은 악마의, 살인마의, 선을 적대하는 자의 간계를 똑똑히 봅니다. 금욕가 성 마르코에 따르면, '지성이 마음 안에서 기도하는 것을 발견할 때, 악마는 온갖 계략을 다 써서 엄청난 유혹을 해댑니다.' 악마는 철저하게 사람들을 증오하며, 사람들이 기도를 통해서 천사가 되고 타락 이전의 본래 자리로 되돌아가려고 노력하는 것을 보게 되면 악마의 이 증오심은 더욱 맹렬하게 불타오릅니다.

니싸의 성 그레고리오스는 인간의 신화(神化, deification)에 대한 악마의 이 질투심을 이렇게 묘사했습니다.

> [악마들은] 질투심과 야망으로 불타오른다. 왜냐하면 사람들은 하느님과 결연되지만, 그들은 선과의 관계로부터 거부되었기 때문이다.

이렇게 모든 금욕가들은 악마와의 싸움에 관한 수많은 일화를 가지고 있습니다. 악마의 행동을 보면서 금욕가들은 그들을 측은히 여깁니다."

"측은히 여기다니요? 어떻게, 또 왜 그러는지요?"

"타락하고 추락해 일그러진 그들의 모습 때문이지요. 하느님을 섬기고 영원히 그 영광을 찬양하라고 창조되었지만, 악마는 하느님의 의도와는 정반대의 지점으로 굴러 떨어져 버렸고, 하느님께서 그토록 사랑하시는 사람들을 공격하게 되어버렸습니다. 악마는 이제 선(善)과의 연합을 끝없이 파괴하려는 파괴의 영입니다. 악마는 분열의 원천이며, 모든 이단의 근원입니다. 하느님께서는 연합시키려 하지만, 악마는 분열시키려 합니다. 하느님께서는 구원하길 원하시지만, 악마는 멸망시키려 합니다. 악마는 사람이 하느님과 복음에 맞서 반역하도록 충동질합니다."

"그러면 금욕가들이 악마조차 사랑의 마음으로 불쌍히 여기는 그 힘은 어디서 옵니까?"

"그들이 누리는 은총의 무한한 풍요에서 비롯되지요. 그들은 은총으로 충만해져서 모든 것을 사랑하고자 한답니다. 그들의 마음은 모든 정욕을 내쫓아서 넓디넓은 공간이 되지요. 그래서 모든 것을 자기 안에 담아내려는 열망을 품게 된답니다. 이렇게 '정화된 금욕가'들은 삼위일체 하느님을 사랑하고, 지극히 거룩하신 성모님과 성인들은 물론이요, 더 나아가 모든 죄인과, 자연, 동물 할 것 없이 모든 것을 사랑하게 됩니다. … 그런데 이 마음 안에는 또한 악마까지도 사랑하고 배려할 수 있는 '공간'이 존재하게 되지요. 그들은 악마를, 생명을 주시는 하느님의 은총에서 멀어진 죽음의 영이요, 그리하여 다가가는 사람들에게 죽음을 전수해주고 싶어 안달이고 구원을 찾는 사람들에게 오히려 죽음을 선사해 주려고 동분서주하는 영으로 느낍니다. 하느님의 사랑으로 가득 찬 거룩한 금욕가들은 하나의 완전한 저주가 악마와 그 휘하의 천사들을 위해 준비되고 있다고 생각합니다. 그러니 어떻게 악마와 그 졸개들을 불쌍히 여기지 않을 수 있겠습니까?"

"육체의 정욕으로 어두워지고 세속의 영에 눈이 멀어 악마에 의해 지배당하고 있는 우리는 '그들의 흉계'를 알지 못합니다. 우리는 빛 가운데서 그들의 악의적이고 엉큼한 움직임을 낱낱이 추적해 갈 수 있을 만큼 그리스도의 풍요로운 은총을 받지 못했습니다. 그의 발악과 최후를 보고 있는 아버지여, 하느님과의 진정한 연합으로 이끄는 이 기도 실천으로부터 우리를 떼어놓기 위해 악마가 어떤 수단들을 사용하는지 말해주시겠습니까?"

"신부님, 내가 이제 말씀드리려 하는 것은 이해하기 힘들어 보일지도 모르겠습니다. 아마도 너무 이상스럽고 지나쳐 보일 수도 있습니다. 수도승마저도 세상 속에서 살아가는 한, 이 거룩한 성산의 수도승들이 수행하는 싸움과 악마의 호전적이고 강력한 괴롭힘을 이해할 수 없습니다. 하지만 우리는 매 순간 그것을 목격합니다. 당신에게 도움이 되도록 또 유익한 교훈이 되도록 몇 가지만 말씀드려 보겠습니다."

나는 미동도 않은 채 악마의 전술과 속임수에 관한 영적 아버지의 지혜를 배우기 위해 귀를 쫑긋이 세우고 경청할 자세를 취

했다. 앞에서 인용한 싸움이 사실은 모두 그의 영적 경험이었지만 영적 아버지는 전혀 그런 내색을 하지 않으며, 예수기도에 전념하는 이들을 무너뜨리기 위해 악마가 사용하는 방법을 설명하기 시작했다.

"우리가 기도를 위해 준비할 때 사탄도 이에 맞서고 저항할 채비를 서두릅니다. 기도의 경주자는 이것을 꼭 알아야만 사탄의 급작스런 공격과, 또 모든 공격 수단이 동이 났을 때의 노골적이고도 대담한 발악에도 그것으로 인해 큰 고통을 받지 않을 수 있습니다. 처음에 사탄은 기도의 경주자로 하여금 기도에서 돌아서게 합니다. 그는 공동체에 관한 일에 관심을 돌리도록 술책을 부립니다. 이어서 다양한 사건, 여러 얼굴, 여러 가지 상황을 떠올리게 합니다."

은수도승이 말을 하면 할수록, 내 안에서는 수많은 영적 전투의 경험과 영웅적인 승리의 일화를 가진 월계관을 쓴 노련한 장수를 앞에 두고 있다는 느낌이 일어났다.

"저는 세상에 살고 있는 우리들이 잘 알지 못하는 사탄의 공격 방법 몇 가지를 알고 싶습니다. 저의 비밀스런 의문 한 가지를 말씀드려도 될까요? 아버지께서는 지금 저에게 악마를 미워해야 한다고 하시면서 동시에 그를 불쌍히 여기라고 말씀하시는군요."

"그렇습니다, 신부님. 나는 매일 매일 그렇게 살아갑니다. 우리는 그가 하는 일에 대해서는 증오심을 느낍니다. 하지만 악마 그 자신을 위해서는 사랑을 느낍니다. 그 사랑은 악마의 타락과 잘못을 유감스럽게 생각하는 마음으로 표현됩니다! 하지만 신부님의 질문에 대한 답으로 나는 이렇게 말하겠습니다. 예수기도의 목적은 예수님께서 우리 마음속에 들어오시게 하는 것이라고 말입니다. 하느님 나라는 우리 안에서 드러나야 합니다. 우리의 죄악의 잿더미 속에 감추어져 있는 은총의 불씨는 되살아나야 합니다. 그렇게 해서 '아버지의 나라가 오게 하시며'라는 우리의 간구가 응답받게 될 것입니다. 하지만 현재 우리의 마음은 앞에서 말했듯이 죄의 암흑으로 어두워졌습니다. 그리고 악마들은 바로 이 마음에 영향을 미치려 합니다. 마음속이 아니라 - 왜냐하면 오직 성령의 창조되지 않은 활력(에너지)만이 창조되지 않았다는 그 이유로 인해 영혼과 연합될 수 있기에 - 마음 위에 악마의 지배권이 세워지고 이를 통해 모든 것을 통제합니다. 몇 시간 동안이고 나는 내 마음을 동물원 보듯이 바라봅니다. 신부님, 나를 믿어주십시오. 울부짖고 으르렁대는 동물과도 같은 온갖 정욕이 이 속에서 발견됩니다. 성 그레고리오스 팔라마스가 이를 너무 잘 묘사하셨답니다.

> 오호라, 사람이 살인마가 되었구나. 전에는 하느님의 아들 중에 속했었지만, (타락하여) 지각없는 살인마, 더 나아가 전갈이나, 살무사, 독사같은 맹독을 뿜는 뱀, 독을 품은 동물 같은 존재가 되었구나!

기도 안에서 우리가 추구하는 것은 지극히 온유한 예수의 이름에 동화되는 것입니다. 그렇게 해서 그리스도께서 영광스럽게 광채를 발하며 우리 마음에 내려오셔서, 은총을 덮어버리고 온갖 정욕으로 영혼을 어둡게 만들어 버리는 악마를 그 안에서 내쫓게 하는 것입니다. 그렇게 되면 영혼은 그리스도의 임재로 인해 빛납니다. 영혼은 '은총에 은총'을 받습니다. 그렇습니다! 그리스도께서 오시는 만큼 악마는 패퇴하여 울부짖고 으르렁거리며 사라져갑니다. 바로 이 울부짖음의 메아리가 우리 안에 있는 유혹들입니다."

"아버지여, 설명해주시는 동안, 저는 귀신들린 이들이 그리스도를 보자마자 거품을 물고 '하느님의 아들이여, 어찌하여 우리를 간섭하시려는 것입니까? 때가 되기도 전에 우리를 괴롭히려고 여기 오셨습니까?'(마태오 8:29)라고 소리 지른 일과 주님께서 악령에 사로잡힌 아이에게 '말 못하게 하고 듣지 못하게 하는 악령아, 들어라. 그 아이에게서 썩 나와 다시는 들어가지 마라.'고 호령하시자 악령이 소리를 지르며 그 아이에게 심한 발작을 일으켜 놓고 나가 버린 일(마르코 9:25~26)에 대해 생각했습니다. 저는 이 이야기가 아버지께서 말씀하신 것과 어떤 관련이 있다고 생각합니다. 제가 잘못 생각한 것일까요?"

"신부님 말씀이 맞습니다. 하지만 그와 같은 관련성을 보여주는 또 다른 것이 있습니다. 지옥에 내려가셨을 때 주님께서는 그를 믿었던 모든 의인을 음부의 권세에서 풀어주셨습니다. 우리

교회의 성가는 이 때 지옥이 겪은 고통을 힘 있게 표현하고 있지요.

> 오늘 지옥이 신음하며 외치도다. "마리아에게서 태어나신 이를 받아들이지 않았어야 했을 것을! 그 분이 내 집에 와서, 내 권세를 폐하고 견고한 빗장을 부수었도다! 내가 지배했던 자들에게 약탈당하고 내가 삼켰던 것을 다 뱉어내게 되었도다! 십자가에 달리신 이가 무덤을 텅 비게 하셨도다!"

더 나아가 그리스도 자신께서도 말씀하시지 않았습니까?

> 누가 힘센 사람의 집에 들어가서 그 세간을 빼앗아가려면 먼저 그 힘센 사람을 묶어놓아야 하지 않겠느냐? 그래야 그 집을 털어갈 수 있을 것이다. (마태오 12:29)

말하자면 그리스도께서 악마가 지배하고 있는 마음에 내려오시면 악마는 도망쳐 꼼짝달싹 못하게 묶이게 되니, 악마가 '주님께서 악마의 일들을 쳐부수러 오셨구나.'하고 소리치고 울부짖으며 으르렁대는 것은 너무나 당연한 일입니다. 시편 104편에서 다음과 같은 구절을 발견합니다.

> 사자들은 하느님께 먹이를 달라고 소리지르며 사냥을 하다가도
> 해가 돋으면 스스로 물러가 제자리로 돌아가 잠자리 찾고
> (시편 104:21~22)

해가 뜨면 온갖 들짐승이 동굴과 바위틈으로 숨듯이, 우리 마

음 안에 은총의 태양이 솟으면 악마들은 줄행랑을 치고 숨게 된다고 헤지키아를 추구한 교부들은 가르쳐줍니다."

"악마가 결박을 당하면, 잠잠해지는 것이 당연하지요."
"아닙니다. 그 정반대의 결과가 나타납니다. 악마는 더 큰 증오심을 갖게 되고, 하느님의 은총이 사라지게 될 때(감추어져 잘 드러나지 않게 될 때) 신자를 외부로부터 쓰러뜨려서 다시 그 마음 안으로 쳐들어가 자리 잡으려고 모든 수단 방법을 다 강구합니다. 악마는 전쟁을 하기 위해 '다시 나와 자기보다 더 흉악한 악령 일곱을 데리고 들어가 자리잡고 삽'(마태오 12:45)니다. 모든 유혹의 의미가 여기서 발견됩니다. 상상은 사탄의 병기 중 가장 약한 것입니다. 과거에 대한 상상과 미래에 대한 상상, 선한 일에 대한 상상과 악한 일에 대한 상상을 불어 넣습니다. 잡다한 생각이 정신 안에 떠오르고 자리 잡습니다. 그렇게 해서 예수의 이름을 부르는 것을 멈추게 하려는 것이지요. 사탄은 사람이 하느님에게 더 이상 아무런 흥미나 관심도 느끼지 못하게 하려고, 그래서 하느님에 대한 사랑을 보여주지 못하게 하려고 기를 씁니다. 특별히 사탄은 과거부터 지금까지 살아가면서 저지른 여러 가지 잘못에 대한 생각을 떠올리게 합니다. 성 교부들은 이 싸움이 예전에 정욕이 그러했던 것만큼이나 격렬한 것이라고 말합니다. 모든 쾌락은 그 만큼의 고통을 지불해야만 합니다. 교부들이 '은총 안에서' 살아냈던 금욕적 삶을 보면 쾌락과 고통 사이의 밀접한 관계가 존재합니다. 쾌락은 타락과 고통을 가져옵니다. 그리고 그 고통을 통하여 사람은 다시 옛 상태를 회복하고 치유됩니다. 바로 이런 이유로 사람은 균형을 회복하기 위해서 많은 고통을 당하게 될 것이고, 또 생각 하나 하나와 좋지 않은 쾌락에 대해 그만큼의 대가를 지불하게 될 것입니다. 지난 수년간 일어났던 많은 일들, 찰나적 쾌락을 가져다주었지만 금방 잊혀졌던 많은 일들이 절망으로 인도할 만큼 생생하고 광범위하게 떠오르게 됩니다. 하느님을 모독하는 생각들, 신앙의 근본 조항에 대한 의심, 그리스도의 신성에 대한 불신, 성모님과 성 교부들의 순결함에 대한 불신 등이 기도의 경주자에게 일어납니다. 때로는 그런 생각이 밖으로 튀어나와 기도 하는 중 부지불식간에 큰 소리로 외쳐지기도 합니다. 싸움 중에 있는 기도의 경주자가 이해할 수도 또 어찌 통제해 볼 수도 없는 방식으로 말입니다!

때로는 '권태의 악마'가 나타나기도 합니다. 이 곳으로부터 도망쳐야겠다는 강박, '더 훌륭한 스승이 분명히 있을 거야.'라는 생각에 자신의 영적 아버지를 떠나야겠다는 끈질긴 유혹이 생겨납니다. 때로는 마음속에서 영적 아버지에 대한 끔찍한 증오심이 솟아나는 것을 느끼기도 합니다. 제자가 스승을 찾아가 눈물과 탄식으로 '도대체 어떻게 내 마음을 표현해야 할지 모르겠습니다. 하지만 내 마음 속에 떠오르는 대로 말하겠습니다. 나는 스승님을 증오합니다! 더 이상 스승님을 보고 싶지도 않습니다. 스승님을 볼 때마다 내 안에서는 끔찍한 반항심이 솟아오릅니다!'라고 말하기도 합니다. 때로는 잠이 쏟아지게 해서 기도를 중단시키기도 합니다. 그밖에도 많은 유혹들이 있지만 나는 단

지 이것들만 강조하고 싶습니다."

 말씀을 듣고 나서 나는 이렇게 물었다.
 "그렇다면 금욕가는 그와 같은 동요에 어떻게 저항할 수 있습니까? 그렇게 무시무시한 공격을 어떻게 이겨낼 수 있습니까? 아버지여, 침묵하지 마시고 제게 대답해 주십시오."

 기도의 경주자인 영적 아버지의 대답은 깊은 침묵이었다. 그가 거쳐 간 연단의 불이 무엇이었는지 누가 알겠는가? 그가 경험했던 유혹을 과연 누가 알 수 있겠는가?

 "아버지여, 그에 대적할 수 있는 방법을 말해주십시오."
 "여기서 필요한 것은 인내, 끈기, 용기입니다. 특별히 용기를 가져야 합니다. 그러한 유혹에 휘둘리도록 내버려두어서는 안 됩니다. 상상의 유혹에 대항하여 끊임없이 예수 이름을 부르십시오. 그리고 그 호명 안에서 흔들리지 마십시오. 기도의 좁은 길에서 용기 있게 버티십시오. 기도 중에는 선한 것이든 악한 것이든 절대로 생각을 하지 마십시오. 고통 중에 있을 때는, 조금 전에 말했듯이, 그 고통을 통해 치유가 시작되고 있다는 것을 확신하십시오.

> 여자가 해산할 즈음에는 걱정이 태산 같다. 진통을 겪어야 할 떄가 왔기 때문이다. 그러나 아이를 낳으면 사람 하나가 이 세상에 태어났다는 기쁨에 그 진통을 잊어버리게 된다. (요한 16:21)

여기서도 마찬가지입니다. 새 사람이 만들어지고, 새 생명 즉 그리스도의 생명이 잉태되는 것은 바로 고통 속에서입니다. 하느님을 모독하는 생각에는, 하느님을 간직했던 성 교부들의 말처럼, 그 생각을 멸시함으로써 대항하십시오. 그러면 그런 생각이 금방 사라집니다. 하느님을 모독하는 생각은 우리가 아닌 악마에게서 나옵니다. '아무도 두 주인을 섬길 수는 없다. 한 편을 미워하고 다른 편을 사랑하거나 한 편을 존중하고 다른 편을 업신여기게 된다. 너희는 하느님과 재물을 아울러 섬길 수 없다.'(마태오 6:24)는 주님의 말씀이 여기서도 똑같이 적용될 수 있습니다. 말하자면 지성은 동시에 두 가지를 행할 수 없습니다. 지성이 기도의 힘에 저항하거나 다른 것에 이끌린다면 결코 기도라는 달콤한 음료에 매혹될 수 없습니다. 그러므로 그것은 악마의 공격입니다. 그러므로 악마에게는 경멸로 대응해야 하고, 하느님을 모독하는 생각이 계속해서 공격해오는 경우에는 그것을 영적 아버지에게 고백해서 알려야 합니다. 그러면 그런 생각은 금방 사리지게 될 것입니다. 그 밖에 강박적으로 계속 떠오르는 생각에 대해서도 동일하게 대응해야합니다. 그러면 그러한 생각 배후에 숨어있는 사탄은 마치 사람이 돌을 들어 위협하면 달아나는 뱀처럼 도망치고 말 것입니다. 졸음에 대해서는 특별한 싸움이 필요합니다. 이 거룩한 산에는 다리가 하나 밖에 없는 작은 의자에 앉아 기도하는 영적 아버지들이 있습니다. 졸음이 그들을 덮치게 되면, 그들은 뒤뚱 넘어지게 되고, 그렇게 해서 졸음에서 번쩍 깨어나게 됩니다. 하지만 그들이 싸우는 것은 졸음이

아니라 악마입니다. 또한 나는 물이 가득 담긴 물통을 자기 방에 갖다 놓은 수도승을 알고 있습니다. 그는 졸음이 오면, 이 물통을 들고 방 양쪽 끝을 오가며 옮긴답니다. 이렇게 졸음의 악마와 싸우는 것이지요. 또 중요한 것이 있는데, 그것은 자신의 영적 아버지를 '그리스도의 형상'으로 간주해야 한다는 것입니다. 영적 아버지는 모세입니다. 그의 능력과 기도를 통해서 우리는 이집트의 종살이에서 벗어날 것이고, 파라오(정념)의 압제에서 해방될 것입니다. 그러므로 기도의 경주자는 자신의 영적 아버지의 약점이 아니라 하느님에 대한 그의 사랑과 그가 제공한 유익을 보도록 노력해야 합니다. 사탄은 이들의 약점을 과장하여 이간질하려 하기 때문입니다. 만약 영적 아버지가 죄가 많고 정욕으로 차있음을 알게 될지라도, 그를 판단하지 말 것이며, 자기 자신의 죄악만을 보고 그것들에 대해 참회의 눈물을 흘려야 합니다. 신신학자 성 시메온은 이와 같은 행동을 아주 잘 묘사해 놓았습니다.

> 만약 당신이 형제들과 함께 공동생활을 하게 된다면, 결단코 당신에게 삭발례를 베푼(수도승으로 입문시킨) 영적 아버지(일반적으르 수도원장)를 미워하도록 당신 자신을 허용해서는 안 됩니다. 비록 그가 정욕과 술취함에 빠져 산다할지라도, 또 수도원의 여러 가지 일이 잘못되어 가고 있더라도, 심지어 그가 당신을 때리고 못살게 굴고 끝없이 모욕한다 해도 말입니다. 그를 공격하는 자들과 함께 하지 말 것이며, 그에게 반역하기를 공모하는 자들과 손을 잡지 마십시오. 그가 무슨 잘못을 하나 빌미를 찾으려 하지 말고 오히려 끝까지 그를 참아내십시오. 그가 행한 선행을 마음에 담아 두고 오직

그것만을 기억하려고 애쓰십시오. 그가 적절치 못한 행동이나 말, 심지어 악한 행동이나 말을 하는 것을 보고 듣게 되거든, 그것을 당신 안에 새겨 넣고 그 모든 것이 당신 자신의 죄인 것처럼 생각하여 눈물로 참회하십시오. 그리고 다만 그를 성인으로 간주하고 그의 기도를 청하십시오.

이것은 영적 아버지를 판단하는 것을 피하기 위한 것입니다. 왜냐하면 영적 아버지를 판단하기 시작하면, 순종과 순종의 첫 열매이자 궁극적인 목표이기도 한 겸손을 잃어버릴 것이고, 그렇게 해서 결국 자신의 구원을 잃어버릴 것이기 때문입니다.

악마들의 직접적인 공격에 저항하는 것이 필수적인 것처럼, 이 권태와 도피에 대항해서도, 인내를 가지고 이를 거부하고 또 줄기차게 저항함으로써 맞서십시오."

"악마들의 직접적 공격이라뇨? 그것은 무슨 뜻입니까?" 나는 물었다.

"이쯤에서 멈추어야 할 것 같습니다. 왜냐하면 그대는 아마도 이것을 이해하기 힘들 것 같기 때문입니다. 이것은 신부님께 매우 낯설어 보일 것입니다. 신부님께서는 금욕적인 삶을 잘 모르시니까요."

"아버지여, 저도 알고 싶습니다. 그리스도의 이름으로 간청하오니, 가르쳐 주십시오."

나는 영적 아버지가 크게 곤란해 하시는 것을 이해했다. 이성

의 가죽 옷을 입은 우리들에게 과연 무슨 말을 하랴?

"그럼 극히 일부분만 말씀드리겠습니다. 우리들은 방에서 목소리, 웃음소리, 물건을 가지고 부스럭거리는 소리를 듣습니다. 마치 사람들이 많이 모여 있는 것처럼 말입니다. 우리의 관심을 기도에서 떼어놓으려는 것이지요. 때로는 악마 자신이 기도의 경주자에게 다가오는 경우도 종종 있습니다. 그럴 때 우리는 엄청난 공포를 느낍니다. 엄청난 고통이 몸과 영혼을 사로잡습니다. 그것은 흉악한 강도를 만난 것과는 비교도 될 수 없을 만큼 무시무시합니다. 왜냐하면 그때 우리에게 다가오는 것은 바로 지옥 그 자체, 지옥 전체이기 때문입니다. 우리를 혼절시키기 위해 악마는 여러 가지 동물의 모습을 취합니다.

성 사바스의 생애를 보면 사탄이 뱀, 전갈, 사자 등의 모습을 띠고 나타났다고 전해집니다.

> 한 밤중 그가 침대에 누워있을 때, 뱀과 전갈로 변신한 사탄이 그를 공포에 떨게 만들었다. 또 한 번은 사탄이 무서운 사자의 모습으로 다시 나타나 그에게 다가오며 으르렁대고 위협했다.

성 시메온이 어디선가 말하기를, 한번은 악귀들이 손에 불방망이들을 들고 나타나서 기도의 경주자를 불사를 것처럼 위협하기도 했다고 합니다.

> 멀리서 버티고 서서 악마들은 손에 불방망이를 들고 나를 위협하

는 것 같았다. 그들은 괴성을 지르며 손뼉치고 발을 구르며 나를 불사르려 위협했다.

또는 기도의 경주자가 의자에 앉아 예수기도를 다시 시작하려 할때, 두 손이 그의 목을 비틀어버리는 듯한 느낌을 받기도 합니다. 이 낯선 두 손은 그의 목을 움켜쥐고 기도를 계속하지 못하게 합니다. 비록 기도를 시작했을지라도, '우리 주…' 다음에는 더 이상 계속할 수 없게 만들어버립니다. 그래서 이 구원의 이름을 부르려면 엄청난 고통을 느끼며 더듬더듬 나아갈 수밖에 없게 됩니다. 그는 '예, … 예수 … '하며 더듬거리며 힘겹게 말합니다. 그럼에도 불구하고 힘겹게, 온 힘을 다해서 이 이름 전체를 부르고 나면, 그 즉시로 모든 악귀들은 사라져 버립니다. 수도원에서 살아가는 많은 수도승들이, 특별히 철야예배를 준비할 때 그들을 공포에 떨게 하고 그래서 모두 혼절시키기 위해 악마들이 떼거지로 몰려와 집단 공격을 가했던 경험담을 내게 들려주었습니다."

"집단 공격은 또 무엇입니까?"
"악마들은 둘, 다섯, 열씩 한꺼번에 공격합니다. 목을 조르거나 다른 방법을 동원합니다. 어떤 수도승은 너무 두려운 나머지 자기 방에서 도망쳐 나와 자신의 영적 아버지의 방문 앞에 쪼그리고 앉아 공포에 떨며 아버지가 깨어나 도와주기만을 기다리기도 한답니다.

바로 이 때문에 세상 사람들은 철야예배의 중요성을 잘 이해하지 못합니다. 철야예배는 악마의 간계를 쳐부수고 무력화시킵니다. 악마는 철야예배를 방해하려 하지만 헛수고일 뿐입니다. 왜냐하면 악마는 밤을 새우는 이 기도로 타격을 입을 것임을 알고 있기 때문입니다. 악마는 이 기도의 관습을 무너뜨리기 위해 저널리스트 등과 같은 사람들을 꼬십니다. 그러니 당신께서 사목하시는 곳에서는 이 악마의 계교가 통하지 않도록 해주십시오. 철야예배를 많이 드릴수록 악마는 철퇴를 맞게 됩니다."

"아버지여, 우리들은 너무나 큰 죄인들이어서 사악한 악마의 이와 같은 물리적 공격을 더 이상 느끼지 못하고 살아갑니다. 하기야 이미 악마에게 항복하고 말았으니, 악마가 무엇 하러 우리를 공격하겠습니까? 아, 우리들은 정말 죄인일 뿐입니다!"
"신부님 말씀에 한 가지 지적을 드려도 되겠습니까?"
"물론입니다. 제발 그리 해주십시오."
"그대가 죄인이어서 악마가 그대를 개인적으로 공격하지 않는다고 말하지 마십시오. 왜냐하면 그것은 조금도 옳은 말이 아닐 뿐더러 사탄은 그와 같은 말을 이용해서 우리를 공격하기 때문입니다. 악마가 죄 때문에 그대를 개인적인 공격의 대상으로조차 삼지 않을 것이라고 말씀하신다면, 악마는 그 말을 듣고, 그대가 어떤 덕목을 실천하여 선을 행하게 할 수도 있을 것이고, 그런 후에 그대에게 나타나 마치 그대가 공격을 받을 만한 대상, 뭔가 대단한 사람이 된 것처럼 느끼게 만들어서 교만과 허영심을 부추길 수도 있기 때문입니다."

 나는 즉시 고개를 숙여 감사를 표했다. 그리고 깊은 뜻을 다 헤아리기도 전에 그의 손을 잡고 존경과 사랑의 마음으로 그 손에 입 맞추었다. 그가 수많은 세월 영적 싸움을 통해 얻어서 또 다른 이들에게 베푸는 이 영적 지혜에 대한 존경의 마음으로 말이다.
 그는 말을 계속 이어갔다.
 "종종, 악마는 기도의 경주자에게 나타나 말을 걸기도 합니다. 악마는 그를 불러 대화를 청합니다. 때로는 그를 고발하기도 하고, 때로는 그를 찬양하기도 하며, 그를 빈정대기도 하고, 그가 행한 잘못을 설명해 주기도 합니다. 영적 훈련에 경험이 많다는 사람들이 곧잘 악마와 논쟁하기도 합니다. 악마의 질문과 모욕에 응수합니다. 하지만, 그것은 잘못입니다. 특별히 초보자에게는 더욱 그렇습니다. 왜냐하면 경험이 많은 이들도 이와 같은 상황에서 악마에게 패배하기 일쑤이기 때문입니다. 심지어는 악마가 그의 응수에 할 말을 잃고 도망친 듯 보여도 말입니다. 악마가 떠난 뒤에도 동요와 두려움이 남게 됩니다. 나중에 이 장면을 회상하고 그에게 겨누어진 수많은 고발을 떠올리게 되면 그는 심하게 동요하고 고통스러워 할 것입니다. 교부들은 필요한 능력을 갖추지 못한 사람, 그럴만한 조건을 갖추지 못한 이들은 악마의 말에 응수하지 말아야 한다고 권고합니다. 생각들에 대한 싸움이 그러하듯이, 오직 무관심과 멸시로 일관해야 한다고 권

고합니다. 그러므로 예수기도 안에 끈기 있게 머물러 있을 것이며, 악마의 화술에는 오직 멸시로 대응해야 합니다."

잠시 침묵한 후, 그는 다시 말을 이어갔다.

"일반적으로 이 모든 유혹과 시험에서 가장 필요한 것은 예수기도 안에 끈기 있게 머물러 있는 것입니다. 아니 더 일반적으로 말한다면 기도의 상태에 머물러 있어야 한다는 것입니다. 기도의 상태라 함은 적절한 금식, 깨어있음, 육체에 대한 절제, 침묵, 그리고 이 모든 것을 순종의 마음을 갖추고 행하는 것입니다. 영적 안내자, 영적 아버지의 축복을 받고 이를 실천해야 한다는 말입니다."

"육체의 금욕(금식, 깨어있음, 침묵, 참회의 절 등)이 기도와 이렇듯 밀접한 관계를 가지는 이유는 무엇입니까? 그것이 기도의 상태로 간주되는 이유는 무엇입니까?"

"우리의 몸 또한 기도 활동에 참여하기 때문입니다. 은총이 우리의 몸을 사로잡기 때문에, 몸 또한 이 영적 싸움에 참여하게 됩니다. 게다가 우리는 바로 이 금식과 기도를 통해서 하느님의 은총을 받는데 필수 불가결한 조건을 만듭니다. 이를 강조하기 위해, 성 그레고리오스 팔라마스는 신품성사(사제서품 성사)를 인용합니다. 여기서 신품의 은총은 '영으로 드리는 기도뿐만 아니라 몸의 협력 즉 손을 머리 위에 얹는 안수례를 통해서' 보제 후보, 사제 후보, 혹은 주교 후보에게 전해집니다. 말하자면 주교는 생명을 주시는 하느님의 은총이 내리도록 기도할 뿐만 아니라 서품 받아야 하는 이의 머리 위에 손을 얹습니다. 예수기도에 있어서도 마찬가지입니다. 은총을 받기 위해서는 영 안에서 예수기도를 드리는 것으로는 충분치 않습니다. 몸이 함께 도와야 합니다. 왜 그럴까요? 사람은 영혼만이 아니라 영혼과 몸으로 만들어져 있기 때문이고, 따라서 구원도 영혼과 몸 모두에게 해당하기 때문입니다. 그러므로 교부들의 가르침대로, 우리는 두려움, 눈물, 고통, 탄식, 침묵을 기도의 원리로 보기를 거부하는 사람은 결국 기도의 본질 자체를 거부하는 사람이라고 확신을 가지고 말할 수 있습니다. 하지만 다시 한 번 반복하는데, 이 모든 것들은 우리의 영적 아버지들의 축복을 받아 행해져야 합니다. 그래야만 악마에 의해 이용당하지 않을 수 있습니다."

나는 속으로 되뇌었다. "영적 싸움이 이렇게도 힘겨운 것이구나. 영적 아버지께서 내게 설명해 주신 대로 기도하기는 참 어려운 일이로다. 적들이 우리에게 그와 같은 전쟁을 감행하고, 악마의, 아니 악마의 왕국 전체가 마치 격노한 파도처럼 우리에게 밀려온다면, 과연 우리가 어떻게 저항할 수 있단 말인가?"

은총이 임할 때와 떠날 때

"자, 이 지점까지 왔으니 신부님께 몇 가지 점에 대해 더 명확히 말해야 할 것 같습니다. 기도의 경주자들은 악마의 사악함을 잘 압니다. 하지만 그들은 또한 악마가 얼마나 허약한 놈인지 또

어떤 결점을 가지고 있는지 잘 압니다. 그들은 경험을 통해서 사탄의 증오심을 압니다. 하지만 그들은 또한 그리스도께서 얼마나 인간을 사랑하시는지 또 사람들에게 얼마나 온유한 사랑을 보여주시는 지도 잘 압니다. 이 전쟁에서 인간에 대한 하느님의 사랑은 이루 말할 수 없이 훨씬 더 강력합니다. 주님께서는 부드럽게 우리 영혼 안에 들어오셔서, 우리 영혼 구석구석을 통과하며 은총과 기쁨을 퍼뜨리십니다. 영적 싸움이 끝날 때마다 은총과 기쁨과 고요함과 평온함이 이해할 수도 설명할 수도 말할 수도 없는 신비한 방식으로 찾아옵니다. 시나이산의 성 그레고리오스는 이렇게 말합니다.

> 왜냐하면 기도의 참된 원리는 정욕을 죽이고 영혼 안에 기쁨을 창조하는 마음의 따뜻함이기 때문이다.

우리는 이것을 금방 느끼고 알아챌 수 있습니다. 왜냐하면 우리는 지금까지 알지 못했던 하나의 상황 속에서 살기 때문입니다. 우리 안에 있는 모든 것은 고요하고 평온합니다! '우리 주 예수 그리스도시여, 나를 불쌍히 여기소서.'라는 기도는 '하느님, 당신께 영광 돌리나이다.'라는 영광송이 됩니다. 그러고 나면 우리는 예수라는 이름에 머무르게 됩니다. 왜냐하면 '예수께서 우리와 함께' 하시기 때문입니다. 그리고 마음속에 집중된 지성 안에 아무런 어려움도 없이 예수에 대한 기억이 잉태됩니다. 예수 이름이 입으로 고백될 때마다 마음속에 퍼지는 한없는 부드러움이여! 우리는 천만금을 준다 해도 이 거룩한 하느님의 시간을 잃고 싶어하지 않습니다. 영원히 기억될 나의 영적 아버지께서는 날마다 여섯 시간을 기도에 바쳤습니다. 하지만 그는 그토록 긴 시간이 단지 십오 분 정도 밖에 흐르지 않은 것으로 느꼈다고 합니다. 은총이 밀물처럼 밀려오고, 마음은 기쁨으로 뜁니다. 교부들은 이와 관련하여 마음 벅참에 대해 말하곤 했지요."

"성 니코데모도 '내 영혼이 주님을 찬양하며 내 마음이 내 구주 하느님을 좋아합니다!'라는 지극히 거룩하신 성모님의 기도를 같은 방식으로 설명했습니다. 지금 이 순간 저는 실제로 성 니코데모의 가르침을 떠올려봅니다.

> 찬양하는 사람, 그의 마음은 놀랍고도 터질 것 같은 기쁨으로 흘러넘치고, 그 기쁨으로 펄쩍 뛴다. 어떤 점에서 그는 신비경으로 옮겨진다. 그래서 헤지키아 교부들은 그러한 환희를 하느님의 은총에 의해 작동된 마음의 박동, 마음의 벅참이라고 불렀다. … 하느님의 은총이 당신을 방문하려 할 때마다, 또 거룩하신 성령께서 당신의 영혼 안에서 거룩한 마음의 기도를 방편으로 삼아 일하고자 하실 때마다, 당신의 마음은 뛰고 싶어 한다.

교회의 많은 교부들이 마음의 뛰어오름, 마음의 벅참에 대해 말했습니다. 예를 들어, 성 그레고리오스 팔라마스도 다음과 같이 말했지요.

> 성 대 바실리오스와 성 대 아타나시오스는, 우리가 좋은 것을 보고 열광하여 기뻐 뛰듯이 우리의 마음이 뛰는 것을 은총의 표지라 했다.

이 거룩하고 경험이 풍부한 금욕가는 말했다.

"예, 정말 그렇습니다. 영웅적이고 고통에 찬 영적 싸움이 끝나면, 그리스도의 은총이 우리 마음에 임하여 어루만져 줍니다. 하지만 그 은총은 모든 사람에게 동일한 방식으로 임하지는 않습니다. 그것은 각자의 영적 진보에 달려 있고, 또한 우리의 이익을 위해 '원하시는 대로' 행하시는 성령의 역사에 달려 있습니다.

> 기도 안에서 은총은 사람마다 모두 다른 방식으로 나타나기 시작한다. 성령 또한 여러 가지 방식으로 우리에게 주어진다. … 성령은 원하시는 대로 우리에게 나타나고 알려진다.

엘리야 예언자에게도 그러했습니다.

> 크고 강한 바람 한 줄기가 일어 산을 뒤흔들고 주님 앞에 있는 바위를 산산조각 내었다. 그러나 주님께서는 바람 가운데 계시지 않았다. 바람이 지나간 다음에 지진이 일어났다. 그러나 주님께서는 지진 가운데도 계시지 않았다. 지진 다음에 불이 일어났다. 그러나 주님께서는 불길 가운데도 계시지 않았다. 불길이 지나간 다음, 조용하고 여린 [주님의] 소리가 들려왔다. (열왕기상 19:11~12)

시나이 산의 성 그레고리오스는 어떤 이들, 특별히 초보자에게는 주님께서 정념의 산을 폭파하고 돌처럼 딱딱한 마음을 분쇄하는 두려운 폭풍처럼 다가온다고 설명합니다. 죄 속에 빠져 살던 과거의 삶을 참회하는 회개와 눈물로 다가온다는 말이지요. 또 어느 정도 진보한 이들에게는 주님께서 지진처럼 다시 말해 위에서 말했던 기쁨의 충만으로, 마음의 불타오름으로 다가오고, 더욱 진보한 이들에게는 조용한 소리로, 마치 미풍처럼, 다시 말해 '아주 평온한 청명함'으로 다가오신다는 것입니다. 초보자들은 은총의 다양한 작용만을 받아들입니다. 하지만 진보한 사람들은 은총 전체를 받아들입니다. 성 그레고리오스의 다음 구절을 모두 읽어드려야 할 것 같군요.

> 우리에게도 은총은 디셉 사람 엘리야에게서와 같은 방식으로 나타난다. 어떤 이들에게는 은총이 산을 부수고 바위를 깨뜨리는, 다시 말해 굳은 마음을 깨버리는 두려운 바람으로 온다. 그럴 때, 우리는 두려움에 사로잡히고 육체에 대하여 죽음을 당한다. 다른 이들에게는 지진으로, 다시 말해 기쁨의 약동(교부들이 '기뻐 뜀'이라고 불렀던)으로 우리의 내부에서 용솟음치듯 오신다. 처음에 그것은 비물질적이고 본질적인 형태로 다가온다. 왜냐하면 그 기쁨은 어떤 실체나 인격이 아니며 구체적 실존을 가지지 않기 때문이다. 마지막으로 또 다른 이들에게는, 특별히 기도 안에서 진보한 이들에게는, 하느님의 은총이 빛나고 고요하고 평온한 미풍으로, 다시 말해 영 안에 아주 비밀스럽게 다가온다. 바로 이런 이유로 하느님께서는 호렙산에서 엘리야에게 말씀하시길, 주님은 폭풍이나 지진, 즉 초보자들이 알고 있는 하느님의 활동 속에 계신 것이 아니라, 오직 빛으로 찬란한 미풍 속에, 기도의 완전을 보여주는 그 곳에 계셨다고 하신 것이다.

신부님도 이해하셨듯이, 하느님의 은총이 우리를 찾아올 때마다, 그 은총은 우리 각자의 영적 싸움과 겸손에 비례하여 단계를

달리하며 현현합니다."

"은총이 그렇게 임했다가 떠나곤 한다는 말씀입니까?"
"그렇습니다." 거룩한 은수도승은 대답했다. "은총은 임했다가 떠나고, 다시 임했다가 또 사라지곤 합니다. 하느님은 자신의 은총을 보내주시기도 하지만 또 그것을 되찾아 가시기도 합니다. 이 영적 훈련의 초기에는 은총의 임재와 떠남을 구별 짓는 이 간격이 훨씬 큽니다. 하지만 오랜 영적 훈련을 거치면 그것은 점점 더 짧아집니다. 그리고 기도의 경주자는 은총의 임재뿐만 아니라 은총의 사라짐도 알게 됩니다."

"하지만 은총이 임했다가 또 떠나기를 반복하는 것은 어떤 목적에서일까요?"

"은총은 우리 영혼에 힘을 주고 또 부드럽게 하기 위해 오고, 또 그 은총을 소화하고, 그 은총을 추구하고, 그래서 겸손해지는 여지를 남겨두기 위해 떠납니다. 말하자면 이 은총은 하느님으로부터 오는 것임을, 우리 자신은 그 은총을 받아 누릴 자격이 없는 무가치한 존재임을 우리 스스로가 이해하고 자각할 수 있게 하기 위한 것입니다. 많은 수도승이 은총은 이렇게 움직인다는 사실을, 또 은총의 다가옴과 물러섬이 수년간 지속되기도 한다는 사실을 잘 알고 있습니다. 은총은 다가오기도 하고 물러나기도 합니다. 은총은 다가와서 수도승들에게 힘을 주고, 하느님의 그윽한 위로로 채워줍니다. 그것은 마치 '내가 여기 있노라.' 하고 말하는 것 같습니다. 하지만 은총은 또한 물러나서, 수도승이 은총을 자신의 것으로 소화하기 위해 노력하도록 만듭니다. 그것은 가장 어려운 일이기도 합니다. 우리가 받은 하느님의 은총을 소화하려면 정말 많은 기도와 노력이 필요합니다. 그런 이유로 인해 하느님의 은총을 받았다가도 그 은총을 잃어버리고 마는 많은 수도승이 존재하는 것입니다. 베드로 사도에게도 동일한 일이 벌어졌습니다. 다볼산에서 그는 엄청난 은총을 입었습니다. 하지만 그는 아직 그 은총을 소화할 능력이 없었기에 급기야는 그리스도를 부인하기까지 했던 것입니다. 이 소화의 단계는 고통스러운 추구와 연결되어 있습니다. 이제 우리는 은총이 나타났었기에 은총은 분명 존재한다는 것을 압니다. 그런데 바로 이 앎이 우리로 하여금 눈물로 그것을 찾아 나서게 만듭니다. 우리는 마치 보이지 않게 숨어있는 엄마를 찾는 아이처럼 고통을 당합니다.

> 오 나의 빛이여, 어디 있나요? 나의 기쁨이여, 어디에 숨어있나요? 어찌하여 나를 버려두며, 어찌하여 나를 고통스럽게 하나요? 어찌하여 나에게서 자취를 감추어 내 영혼을 불안과 고통에 내던져 버리나요? 오 당신이 내게 왔을 때, 당신은 내 모든 죄를 다 살라버렸지요. 그러니 다시 한 번 내 영혼을 찾아주세요. 그래서 구름이 해를 가리듯, 내게서 당신을 가리는 나의 모든 죄를 불살라주세요. 오세요, 당신이 오신다면 나는 더 이상 기쁠 것이 없겠어요. 주님, 어찌하여 지체하십니까? 내 영혼이 얼마나 불행해 하는지 보시잖아요. 내가 눈물로 당신을 찾고 있음을 잘 아시잖아요. 그런데 어찌하여 자취를 감추시나요? 내 영혼이 무소부재하신 당신을 보지 못하니 이 무슨 일인가요? 어찌하여 당신을 찾아 이토록 고생을

하는 것일까요? 당신께서 어린아이였을 적에, 지극히 순결하신 동정녀께서도 요셉과 함께 근심하며 당신을 찾았었지요. 사랑하는 아들을 찾을 수 없었을 때, 그 고통 속에서 동정녀는 무슨 생각을 할 수 있었을까요?

한 형제에게 화를 냄으로써, 사로프의 성 세라핌은 하느님의 은총을 잃었습니다. 그에게는 그보다 더 큰 불행은 없었습니다. 그렇게 해서 그는 하느님과의 친밀한 교제를 잃어버리고 낙원에서 쫓겨나 탄식한 아담의 고통을 이해할 수 있었습니다. 그래서 성인은 하느님의 은총을 다시 찾기 위해 바위 위에서 천 날을 주야로 머물며 기도했답니다. 그리고 은총을 다시 찾은 후에야 바위에서 내려왔답니다.

물론 은총은 우리 마음이 은총을 더욱 사랑하고 사모할 기회를 제공하기 위해 우리에게서 물러납니다. 마음은 부드러움도 경험하고 죄악의 쓴맛으로 인해 만들어진 공허함도 경험합니다. 마음은 환멸이나 불신앙에 빠지지 않고 은총을 다시 찾습니다. 한 가지 더 첨언해야 할 것이 있다면, 그것은 아주 크나큰 은총이 지성을 사로잡고 그 지성을 황홀경으로 인도할 때는, 그만큼 더 빨리 은총이 지성을 떠나간다는 사실입니다. 특별히 그 지성이 영적인 초보 단계에 있을 때에 말입니다. 그렇지 않으면 지성이 죽을 수도 있고, 너무 많이 먹어 체하고 토하는 어린아이처럼 될 수도 있기 때문입니다. 성 시메온은 이렇게 말합니다.

은총은 마치 가느다랗고 작은 불빛처럼 살며시 다가오지만 들연 영을 감싸 안아 황홀경으로 이끌고는, 영이 죽는 것을 막기 위해 재빨리 그것을 버려두고 사라지니 (그렇게 눈 깜짝할 사이에 일어나기에, 은총을 경험한 이는 그 아름다움을 이해하지도 또 기억하지도 못한다), 그것은 완전에 이른 이들의 음식을 어린아이는 먹지 못하게 하여, 체하고 토하는 아픔을 느끼지 않게 하기 위함이다. 이때부터 은총은 나타남과 사라짐을 반복하며, 손을 잡고 우리를 인도하고, 우리를 강건하게 하며, 우리를 가르친다. 은총은 우리가 그것을 열망할 때가 아니라 - 그것은 완전에 이른 자들에게 해당된다 - 우리에게 은총이 필요할 때, 즉 우리가 곤란을 당할 때, 완전히 녹초가 되었을 때, 우리를 도우러 온다. 은총은 저 멀리 나타나서 내 마음이 그것을 알아볼 수 있도록 해준다.

은총의 다가옴과 물러감은 구원에 이르는 또 다른 효과를 만들어냅니다. 은총은 잠시 와서 사람을 하나의 정념으로부터 정화시킨 후 사라집니다. 다음에는 또 다른 정념으로부터 그를 정화하기 위해 옵니다. 이렇게 해서 그 사람은 거룩하고 생명을 주시는 하느님의 은총의 도움을 받아 영혼의 정념 부분을 다 정화할 수 있게 됩니다. 오랜 영적 싸움과 수많은 희생을 거치고 나면, 은총이 우리의 마음 안에 거의 정착하는 순간, 즉 오래도록 지속되는 평화가 개시되는 때가 오기도 합니다. 그것은 끊임없는 평화와 영원한 위로! 그것은 영혼 안의 다볼산, 지상에 실현된 하늘! 그것은 마음속에 실현된 하늘나라, 우리 안에 머무르시는 삼위일체 하느님! 아, 그것은 하느님의 모양과 형상을 닮은 사람입니다!"

나는 생각했다. 하느님의 사랑은 그 얼마나 크신가! 최근 나는 어떤 영적 저서에서 영적 아버지가 나에게 해주신 것과 정확하게 일치하는 내용의 글을 읽었다.

> 만약 당신 안에서 악마의 소란과 간계와 공격을 느끼지 못한다면, 당신은 위로자 성령께서 당신에게 주신 좋은 것들을 이해하지도 감사하지도 않을 것이다. 만약 당신이 죽음을 가져다주는 영을 알지 못한다면, 당신은 생명을 주시는 성령도 알지 못할 것이다. 당신은 생명의 수여자이신 그리스도를 진정 알지 못할 것이다.

그리스도의 사랑이 이 얼마나 큰가! 그리스도는 악마의 흉계를 다 아신다. 그리스도는 그 흉계를 선으로 바꾸시고, 쓴 것에서 단 것을 뽑아내시고, 악마의 증오심을 그리스도에 대한 사랑으로 되돌리신다. 이렇게 해서 우리는 악마가 무얼 하든지 결국은 자기 자신을 파괴하고, 스스로 멸망한다는 것을 더욱 잘 이해하게 된다. 확실히 악마는 사람과 싸우고, 하느님은 그것을 그냥 내버려두신다. 왜냐하면 악마 또한 하나의 인격체이고 따라서 자유를 가지고 있으며, 창조주 하느님은 그것을 존중하시기 때문이다. 하지만 하느님은 그의 사랑으로, 인간에 대한 지극하신 사랑으로 악마의 파괴적 행위에 제한을 가하신다. 어느 날, 나는 한 금욕 수도승이 하느님은 아주 작은 망상을 통해서도 위대한 겸손을 이끌어내시며, 이 겸손은 하느님의 은총을 끌어들인다고 말하는 것을 들었다. 실제로, 그리스도인은 망상을 품었다가 타락의 나락으로 떨어지지만, 곧 하느님의 은총을 받아 회개하고 더욱 겸손해진다. 이렇게 해서 그는 사탄적인 죄악으로부터, 교만의 불순함으로부터 자신을 정화한다. 이런 것들을 통해서 우리는 악마는 스스로를 파괴하고 분열시킬 뿐임을 이해할 수 있다!

영적 아버지께서 일어나 나에게 말했다.
"만과(저녁 기도) 시간이 다 되었군요. 자, 함께 가서 꼼보스끼니(기도 매듭)를 들고 만과를 드립시다. 이 방에 들어가 제가 다시 부를 때까지 기도하십시오. 그런 후에 대화를 다시 하도록 하지요. 비록 짧은 시간이지만 이와 같은 기도를 결코 소홀히 해서는 안 되니까요!"

나는 그분께서 지시해 준 방으로 들어갔다. 영적 아버지는 나를 매우 높은 경지까지 인도해 주셨다. 그러니 이제 좀 휴식을 취해야 할 때가 된 것이다. 아토스 성산의 여느 암자와 마찬가지로 방은 아주 비좁았다. 방 내부에는 두 개의 낮은 등 없는 의자 사이에 널빤지를 걸쳐 놓아 만든 좁고 딱딱한 침대 하나가 놓여 있었고, 그 위에는 침구가 가지런히 정돈되어 있었다. 세상의 안락함을 생각나게 하는 것은 하나도 없었다. 탁자 위에는 그을음으로 새까맣게 된 작은 석유램프가 놓여있고, 그 밑에는 철야로 밤을 새워 기도할 때 사용하는 작은 앉은뱅이 의자가 있었다. 벽에는 그리스도 이콘(성화, 聖畵)이 걸려 있었고, 조금 떨어진 곳에는 거룩한 아토스 산을 살피고 보호하시는 유일하신 여인이요

어머니이시며, 아토스의 모든 수도승이 특별히 사랑하는 성모님의 이콘이 걸려 있었다. 그 밖에도 방에서 빼놓을 수 없는 것이 있다면 그것은 바로 방 한 구석에 보금자리를 마련한 거미일 것이다. 거룩한 수도승에게 방을 구석구석 청소할 시간이 있겠는가! 방에 들어서서 한 바퀴 둘러본 후에 나는 바닥에 무릎을 꿇고 침대 널빤지에 두 손을 포개어 얹은 뒤 머리를 그 위에 기대고는 때로는 속삭이듯 때로는 큰 목소리로 예수기도를 드리기 시작했다. 나는 기도문 전체를 암송하며 기도드렸다. 때론 '우리 주'에, 때론 '예수'에, 때론 '그리스도시여'에, 때론 '불쌍히 여기소서'에 힘을 주면서 내 모든 지성의 힘을 붙잡아 기도 안에 집중시키려고 했다. 얼마 동안이나 바닥에 꿇어 엎드려 있었던가? 나는 그것을 알 수 없다. 그러한 거룩한 순간에는 시간이 멈추어 버리기 때문이다. 나는 신화된 성인들 가운데 죄인으로 서있는 나 자신을 보았고 그래서 눈물을 흘렸다. 나는 마음 속 깊은 곳으로부터 다음과 같은 성 요한 크리소스토모스의 기도를 되뇌었다. 어떤 이들은 이 구절을 근거 삼아 크리소스토모스 성인은 수도승들이 수도원에 모여 사는 것을 원하지 않았다고 고약하게 말하기도 했지만 말이다.

> 온 우주를 비추는 이들은 행복하여라. 그들의 처소는 세상의 모든 소용돌이로부터 벗어나 고요를 누리고, 그들의 영혼은 모든 정념과 질병으로부터 정화되었고, 공기보다 더욱 자유롭고 가볍고 고요하고 청정하니 그들은 행복하도다. 그들이 하는 일은 태초에 타락하기 전의 아담이 그랬듯이 영광으로 옷 입고 하느님과 친밀한

대화를 나누며 행복으로 가득한 이 곳에서 살아가는 것이니, 오,
이 얼마나 복된 이들인가!

얼마간의 시간이 지난 후 나는 영적 아버지께서 다시 대화를 계속 하시기 위해 기다리신다는 제자의 전갈을 받았다. 비록 기도를 중단해야 하는 것이 안타까웠지만 그것은 분명 기쁨을 주는 소식이었다. 나는 다시 거룩한 은수도승에게로 갔다.

영적 아버지께서 물었다.
"우리가 잠시 대화를 중단하고 기도드릴 때 어떤 생각이 들었나요?"
"어떤 말씀을 드려야 할지 모르겠습니다."

내가 방에 있는 동안 그분께서 오직 나를 위해서만 기도해 주셨을지 누가 알겠는가? 그 기도를 통해서 나에게 그와 같은 위로를 주셨을지도 모르는 일 아닌가! 잠시 후, 나는 이렇게 말했다.
"나는 내 영혼에 고요한 평화가 밀려오는 것을 느꼈습니다. 또 나의 죄로 인한 슬픔과 그리스도의 사랑으로 인한 기쁨도 느꼈습니다. 그렇습니다. 그리스도께서는 내가 상상할 수 없을 만큼 나를 많이 사랑하십니다. 아버지께서는 아마도 이 같은 느낌을 항상 누리며 사시겠지요? 그리고 그것은 아마도 예수님의 이 거룩한 산에 올라와 많은 세월 끊임없이 살아있는 기도를 드리신 아버지께 베풀어주신 그리스도의 은총의 결과이겠지요."

"그렇습니다. 단지, 기도의 열매는 너무나 풍요로워서 누구도 그것을 다 보여줄 수 없다는 것을 명심하십시오. 기도는 달콤하고 풍성한 열매를 가득 맺는 나무와 같습니다. 그 열매 하나하나는 각각 그 자체로 최고의 맛을 자랑하지요."

"'은총으로 가득한' 이 광야의 열매 중 단 몇 개만이라도 맛보게 해주십시오. 제가 그 열매를 따 먹을 수 있게 해주십시오. 그게 아니라면 그 열매가 무엇인지라도 알게 해주십시오."

기도의 열매

"신부님께서 정말 듣고 싶어 하는 마음이 간절한 것 같으니 제가 그 중 몇 가지만 말씀드리지요. 기도는 처음에는 경주자에게 힘을 제공해주는 빵(음식)이고, 그 다음에는 마음을 부드럽게 해주는 기름이 되며, 마지막에는 기도의 경주자를 '그 자신 밖으로' 다시 말해 황홀경으로 인도하여 하느님과 연합하게 하는 포도주가 됩니다. 더 구체적으로 말씀드려 볼까요. 그리스도께서 기도하는 사람에게 주시는 첫 번째 열매는 죄에 대한 인식입니다. 우리는 더 이상 우리 자신이 선하다고 믿지 않게 됩니다. 오히려 우리는 우리 자신을 '거룩한 곳에 서있는 가증스럽고 한탄스러운 자'로 여기게 됩니다. 사랑은 우리 영혼의 근본 바탕까지 뚫고 들어갑니다. 우리 안에 불결한 것이라고는 단 하나도 가져서는 안 되기 때문이지요. 사실 우리의 영혼은 흑사병에 걸려버렸습니다. 내 방에 들어선 사람들 중 어떤 이들은 내적으로 불결하기 때문에 아주 고약하고 부패한 냄새를 풍기곤 한답니다. 그렇습니다. 기도하는 사람에게는 이전에는 알지 못했던 것들이 이제 확연하게 드러납니다. 그는 자신이야말로 모든 사람들 중에서 가장 악한 존재, 가장 불쌍한 존재로 여깁니다. 지옥만이 자신의 영원한 거처라고 생각합니다. 그래서 그는 눈물을 흘리기 시작합니다. 그는 자신의 (영적) 죽음을 애통해 합니다. 이웃에게 닥쳐온 죽음을 보고도 슬피 우는데 하물며 자신에게 닥쳐온 죽음 앞에서 슬피 울지 않을 사람이 있을까요? 또한 기도의 경주자는 다른 이의 죄는 보지 않고 오직 자신의 죽음만을 바라봅니다. 그의 두 눈은 마음의 애통함으로부터 흘러나오는 눈물의 샘이 됩니다. 그는 마치 사형선고 받은 사람처럼 울부짖으며 이렇게 외칩니다.

> 나를 불쌍히 여겨주십시오… 제발 나를 불쌍히 여겨주십시오. …
> 나에게 단 한번만이라도 자비를 베풀어 주십시오.

앞에서도 말했듯이, 바로 이 눈물과 함께 영혼과 지성의 정화가 시작됩니다. 물이 더렵혀진 물건을 깨끗하게 씻듯이, 비가 구름 가득한 대기와 먼지 날리는 대지를 정화하듯이, 눈물은 영혼을 정화하고 표백합니다. 그것은 두 번째 세례수입니다. 기도는 아주 달콤한 정화의 열매를 가져다줍니다."

"하느님의 은총이 임하면 사람은 완전하게 정화됩니까?"
"단번에 완전하게 정화되지는 않지만 끊임없이 정화되어 갑니

다. 정화는 언제나 더욱 완전한 상태를 향해 나아가기 때문이지요. 성 요한 클리막스는 정념을 떨쳐버린 어떤 수도승에게서 이런 말을 들었다고 전합니다.

> 그것이 바로 언제나 완전을 향해 나아가는 완전자의 완전한 완전입니다.

눈물로 참회할 때마다 우리는 정화됩니다. 또 정화될 때마다 더욱 깊은 곳에 있는 죄악의 층들을 보게 되고, 그래서 다시 참회의 눈물을 흘릴 수밖에 없음을 자각하게 되지요.

신신학자 성 시메온이 역설한 것도 바로 이것입니다.

> 그들은, 자주 드리는 기도를 통해서, 또 형언할 수 없는 말씀을 통해서, 또 끝없이 흘리는 눈물을 통해서 그들의 영혼을 정화합니다. 영혼이 정화되는 것을 보면서 이들은 영혼이 더욱 완전하게 정화되는 것을 보고 싶어서 사랑의 불꽃으로, 열망의 불꽃으로 더욱 맹렬하게 타오릅니다. 하지만 그들은 빛의 완전에 도달할 수 없기에 정화는 그들에 의해 한계 지워지지 않을 것입니다. 사실 불행하게도 나는 더욱 정화되고 조명되어야 할 것입니다. 그리고 나를 정화시키시는 성령께서는 더욱 자주 나에게로 오실 것입니다. 매일 매일, 나는 새로운 정화가 시작되고 있음을 목도합니다. 과연 누가 끝이 없는 이 심연의, 측량할 수 없는 그 고지의 정상을 발견할 수 있을까요?

나의 신부님이여, 이해하신 것처럼, 이렇게 해서 사람은 지속적으로 완전해져가고 지속적으로 정화되어갑니다. 먼저 영혼의 정념적인 부분(감정과 욕망)이 정화됩니다. 이어서 이성적인 부분이 정화됩니다. 신자들은 육체의 정욕(욕망)을 넘어서고 이어서 배고픔, 분노, 원한의 감정을 극복하게 됩니다. 물론 더욱 많은 기도와 치열한 투쟁이 필요하지요. 분노와 원한의 감정으로부터 정화되는데 성공했다면, 영혼의 정념적인 부분이 거의 정화되었음이 분명합니다. 그리고 나면 이제 투쟁은 이성적인 부분으로 옮겨갑니다. 교만, 헛된 영광, 모든 헛된 생각과 싸우는 것이지요. 이 싸움은 죽을 때까지 계속될 것입니다. 하지만 정화의 이 모든 과정은 은총의 도움과 역사를 통해서 일어납니다. 그리고 그 목적은 신자를 보다 풍성한 은총을 받아 담을 수 있는 그릇으로 만드는데 있지요. 다시 한번 신신학자 성 시메온의 글을 인용하고 싶군요.

> 왜냐하면 은총의 빛이 우리를 도우러 오지 않는다면 사람은 결코 자신의 정념을 정복할 수 없기 때문입니다. 게다가 이 은총의 빛은 이 정념을 단번에 다 날려버리지도 않습니다. 영과 혼을 가진 사람은 사실 갑자기 그것도 단번에 성령을 통째로 받을 수도 없고 또 갑자기 정념을 다 극복한 사람이 될 수도 없습니다. 오직 있는 힘을 다하여 자신 스스로가 해야 할 모든 것, 즉 자기 비움, 평정심, 인연을 끊음, 자기 의지를 끊음, 세상에 대한 절연, 시련들을 견딤, 기도, 고통, 가난, 겸손과 같은 것을 갈고 닦아 성취할 때만 그렇게 될 수 있습니다."

"영혼의 정화가 시작되는 것을 어떻게 알 수 있습니까?"
"우리는 금방 그것을 알아차릴 수 있습니다. 헤지키우스 사제

는 이를 아주 아름다운 이미지를 통해서 설명했지요.

> 배 속에 문제를 일으키고 고통을 주는 독이 든 음식을, 치료약을 먹고 다 배설하게 되면, 배는 금방 휴식과 안도를 느낍니다. 영적인 삶도 마찬가지입니다. 사람이 나쁜 생각을 받아들여서 그 생각의 독성과 위중함을 느끼게 될 때, '그는 예수기도를 통해서 이 생각들을 어렵지 않게 토해내고 더욱 분명하게 이것을 거부합니다.' 그러고 나면 그는 금방 정화되었음을 느끼게 됩니다. 기도하는 사람은 또한 기도가 정념이 야기한 내적인 상처를 치유하는 것을 느낄 수 있습니다.

루가 복음에서 우리는 혈루증에 걸린 여인의 이야기를 읽습니다. '그 여자가 뒤로 와서 예수의 옷자락에 손을 대었다. 그러자 그 순간에 출혈이 그쳤다.'(루가 8:44) 우리가 예수 그리스도께 가까이 가면, 우리는 곧 치유 받아 '출혈이 그치고' 말 것입니다. 다시 말해 정념의 피가 더 이상 흐르지 않을 것이란 말입니다. 우리는 더 이상 형상에 의해, 환경에 의해, 이전에 우리를 불편하게 했던 사람들에 의해 휘둘리지 않게 된다는 말입니다. 신부님, 이것이 의미하는 바는 어떤 사람이나 어떤 일로 인해 우리가 힘들어한다면, 그것은 우리가 악마의 공격으로 부상당했음이 분명하다는 것입니다. 우리를 힘들게 하는 것은 바로 우리 안에 있기 때문이지요. 기도의 도움으로 정화되면 우리는 천지 만물을 다 하느님의 피조물로 보게 됩니다. 특별히 우리는 사람들의 얼굴을 마치 사랑이 넘치는 하느님의 형상으로 보게 됩니다. 그러므로 그리스도의 은총을 덧입은 사람은 또한 다른 이들을 그리스도의 은총을 덧입은 사람으로 보게 되지요. 비록 그들이 발가벗었다 해도 말입니다. 하지만 반대로 하느님의 은총을 받지 못한 사람은 벌거벗지 않은 사람을 보고도 벌거벗은 사람을 상상합니다. 친애하는 신부님, 이 점에 관해서 나는 다시 한번 신신학자 성 시메온의 말씀을 읽어드리고 싶습니다."

"그 분은 정말 진짜 신학자이십니다. 나도 그 분의 책을 정말 대단한 열정을 가지고 읽었었지요."

"나는 신부님이 그분의 책을 모두 읽기를 바랍니다. 그렇게만 된다면 신부님도 금욕적 실천 경험이 인도하는 이 부정(否定)의 길, 이 신비신학의 진수를 맛보게 될 것이기 때문입니다. 하느님을 볼 수 있었던 이 교부는 이런 말을 했습니다.

> 성인이신 시메온, 절제의 화신이신 스투디오스의 수도승, 그분은 다른 누구 앞에서도 얼굴 붉히지 않았고, 다른 이들이 벌거벗고 있는 것을 보지도, 또 스스로를 벌거벗은 몸으로 보여주지도 않았다. 왜냐하면 그는 그리스도를 온전하게 소유하고 있었고, 그 자신 전체가 그리스도였기 때문이었다. 그의 제자들이나 다른 이의 제자들이나 모두가 각각 그의 눈에는 그리스도였다. 그는 언제나 흔들리지 않았고, 공평무사했고, 정념에 휘둘리지 않았다. 그 안에 있는 모든 것이 그리스도였다. 그는 그리스도를 덧입은 모든 세례 받은 자들을 그리스도처럼 바라보았다. 그런데, 벌거벗은 네가, 육체로 육체나 더듬는 네가, 마치 발정난 당나귀나 망아지 같은 네가 감히 성인에게 독설을 퍼붓고 그리스도를 모독하다니! 우리와 하나가 되실 뿐만 아니라 그 거룩한 종들에게 무욕의 경지를 주시는

그리스도를 네가 어찌 감히 모독할 수 있단 말이냐?

보다시피, 예수기도를 통해 정화된 평정심의 사람은 그가 무엇을 보든지 영향을 받지 않습니다. 악마는 정복당하고 맙니다. 그것은 기도의 열매입니다. 적(敵)은 자신이 쳐놓은 모든 함정과 함께 금방 들통 나고, 영혼으로부터 쫓겨납니다. 기도의 경주자는 악마가 전투태세에 돌입했음을 알아차리고 적시에 그의 장비를 빼앗아 버립니다. 그는 자신의 영혼을 향하고 있는 교활한 사탄의 불화살을 봅니다. 그리고 그 화살이 그에게 날아오기도 전에 그 불을 다 꺼버리고 맙니다. 성 디아도코스는 비록 이 불화살이 마음의 바깥 어딘가에 미친다 해도 마음속에는 하느님이 계시기 때문에 그것들은 곧 소멸해 버린다고 말합니다.

> 악마의 불화살은 육체의 외적 감각 안에서 즉각 소멸해 버립니다. 왜냐하면 마음을 평화로운 숨결로 들어올리시는 성령의 바람이 불 지르기를 좋아하는 악마의 화살을 공중에서 이미 소멸시켜 버리기 때문입니다.

게다가, 이미 말했듯이, 기도를 통해서 우리는 전(全)인격적인 일치에 도달합니다. 지성, 욕망, 의지가 하느님 안에서 일치되고 연합된다는 것이지요."

"정말 정화와 평정심은 놀라운 은총이로군요!" 하고 나는 소리쳤다.

"그렇습니다. 평정심은 은총의 선물입니다. 평정심은 정화와 사랑을 전제하지요. 하지만 그 후에는 바로 이 평정심이 사랑을 보호하지요. 바로 이 점에 대해, 즉 정화와 사랑에 대해 하느님께서 사랑하시는 성 시메온이 우리를 도와줍니다. 그는 아주 아름다운 이미지를 사용해서 이를 설명합니다.

> 구름 한점 없는 밤, 우리는 하늘에서 아주 순결하게 빛나는 달 표면을 볼 수 있습니다. 종종 달 주위에는 아주 밝은 빛의 원이 형성되기도 합니다. 어떻게 이 이미지가 정화되고 정념을 떨쳐버린 사람에게 적용될 수 있을까요? 성인들의 몸은 하늘입니다. 하느님을 품은 마음은 달 표면입니다. 거룩한 사랑은 매일 매일 정화된 만큼 이 마음을 충만하게 채우는 '지극히 활력있고 강력한 빛'입니다. 종종 마음이 찬란한 빛으로 충만해지기도 합니다. 보름달처럼 말입니다. 하지만 달은 기울 때가 있기 마련이지만 빛은 결코 삭아들지 않습니다. '왜냐하면 빛은 성인들의 노고와 선행을 통해 언제나 자신의 충만한 광채를 보존하고 있기 때문입니다.' 평정심은 빛으로 충만한 마음을 둘러싸고 있는 밝은 빛의 원입니다. 이렇게 마음을 둘러싸서 악마의 온갖 사나운 공격으로부터 그것을 보호해주지요. '평정심은 모든 악한 생각으로부터 흠 없이 성인들을 보호하고 감싸줍니다.' … 평정심은 영혼을 흠없는 상태로 보존해주고 모든 원수들로부터 자유롭게 해줍니다. 더 나아가 그것은 적들이 감히 접근조차 할 수 없도록 만들어줍니다.

하지만 정화가 꼭 필요하다고 해서 그것이 기도의 궁극적인 목표요 기도를 통해서 얻을 수 있는 전부임을 의미하지는 않습니다. 오히려 거기서부터 하느님을 향한 등정이 시작됩니다. 거

룩한 교부들은 신화를 향한 이 영적 등정을 정화, 조명, 온성, 이 세 가지 단어로 묘사했습니다. 이를 좀더 잘 이해할 수 있기 위해서 성경에 나오는 두 가지 예를 인용해보겠습니다. 모세가 율법을 받기 위해 시나이 산에 오른 것과 이스라엘 백성이 약속된 땅을 향해 가는 것이 그것입니다. 첫 번째의 예는 니싸의 성 그레고리오스가 주석을 했고, 두 번째 것은 고백자 성 막시모스가 주석했습니다.

> 먼저 히브리 사람들은 자신들의 의복을 정화했고, 하느님의 명령에 따라 스스로를 성화시켰다. '너는 내 백성에게로 가서 오늘과 내일 몸과 마음을 깨끗이 하라고 하여라. 옷을 빨고 셋째 날을 맞을 준비를 갖추게 하여라.'(출애굽기 19:10~11) 곧이어 셋째 날이 되자 천둥 번개 소리와 함께 나팔소리가 크게 울려퍼졌고 시나이 산은 짙은 구름에 휩싸이고 연기가 자욱하였다. 백성들은 산기슭까지만 나아갔고 모세만이 시나이 산의 찬란한 구름 속으로 들어가서 율법의 돌판을 받을 정상까지 올라갔다.

니싸의 성 그레고리오스는 하느님을 아는 길은 몸과 영혼의 깨끗함이라고 설명합니다. 등정을 원하는 사람은 먼저 그 영혼과 몸을 될 수 있는 한 정결하고 흠이 없도록 해야 합니다. 하느님의 명령대로 옷을 깨끗이 빨아야합니다. 하지만 그것은 물질적인 의복만이 아닙니다. 사실 그것은 신화를 추구하는 사람에게는 아무런 장애가 되지 않습니다. 그러므로 옷은 '삶의 외적인 관심'을 의미합니다. 다시 말해 옷처럼 우리를 감싸고 있는 세속적인 관심 말입니다. 또한 이성이 없는 짐승도 산에서 멀리 떼어

놓아야 합니다. 감성으로부터 오는 앎, 감각 기관으로부터 오는 지식을 넘어서야 하고, '감각적'이고 '비이성적'인 운동으로부터 정화되어야 하고, 지성을 청소해야 하며, 지성의 동료인 감성과도 헤어져야 한다는 것이지요. 그렇게 준비하고 정화된 연후에 어둠에 싸인 산을 향해 담대하게 나아가야 한다는 것입니다. 또한 이 산은 백성들에게는 접근하기가 쉽지 않아서, 올라오라는 명령을 받은 모세만이 앞으로 전진해 나갔습니다. 신부님, 보시다시피 정화가 먼저 와야 하고, 그런 후에야 관상을 향한 등정이 시작됩니다. 가장 위대한 복은 정화 다음에 올 것이고, 그 복을 받아 누리려면 정화는 반드시 필요한 것이지요."

"이제 두 번째 예를 살펴볼까요." 하느님을 본 거룩한 금욕가는 말을 계속 이어갔다. "고백자 성 막시모스는 하느님을 향한 신비로운 등정에는 세계지 단계가 있다고 썼습니다. 부정(정념들의 정화)과 긍정(덕의 획득)의 요소를 둘 다 포함하는 '실천철학'이 첫째 단계요, 정화된 지성이 전 창조세계를 관상하고, 만물의 내적 이유를 알게 되고, 성경의 영적 의미를 식별하며, 자연 안에서 하느님을 보고 하느님께 기도하게 되는 '자연 관상'이 둘째 단계입니다. 세 번째이자 마지막 단계는 영적 투사인 신자들을 하느님과 연합시켜주는 '신비 신학'의 단계입니다. 이 세 가지 단계는 이스라엘 백성의 영적 여정에서 아주 순수한 형태로 드러납니다. 먼저 그들은 이집트의 노예였습니다. 이어서 이집트의 강력한 군대를 집어삼킨 홍해를 건넜습니다. 그들은 광야에 도착했고, 그곳에서 인간을 향하신 하느님의 사랑을 다양한 방법으

로 경험했습니다.(만나, 생수, 구름기둥, 불기둥, 율법, 전쟁의 승리 등) 그러고 나서 수십 년간 광야에서 단련을 받은 후 약속된 땅에 들어갔습니다. 기도의 경주자에게도 동일한 과정이 존재합니다. 처음에는 먼저 정념의 노예생활로부터 해방됩니다. 이것이 실천철학의 단계입니다. 이어서 평정심의 광야로 들어갑니다. 이것이 자연 관상의 단계입니다. 이 단계에서 기도의 경주자는 하느님의 사랑의 다양한 선물을 받습니다. 마지막으로, 영웅적인 영적 투쟁을 통하여 약속된 땅에 이를 수 있는 상태에 이릅니다. 이 단계가 신비신학의 단계입니다. 하느님과의 완전한 연합이라는 약속된 땅에 이르는 것이지요. 그곳에서 우리는 창조되지 않은 빛을 관상하면서 영원을 누리게 될 것입니다. 물론 하느님을 간직하신 거룩한 교부들은 이 세 가지 단계를 엄격하게 분리하지 않았습니다. 말하자면 우리가 자연 관상의 단계나 심지어 신비신학의 단계에 들어섰다 해도 실천철학의 단계에서 요구되는 금욕과 참회를 게을리 해서는 안 된다는 것이지요. 오히려 그와는 반대로, 영적으로 더욱 고양될수록, 받은 은총을 잃지 않기 위해 더욱 강력한 영적 투쟁을 전개해야 합니다. 교부들은 우리가 최고의 신적인 관상을 누릴만한 자격을 갖추었을 때, 오히려 더욱 더 사랑과 절제를 추구해야 한다고 생각했습니다. '열정으로 가득한 평정을 보존함으로써 영혼의 빛을 수그러듦이 없이 간직하기 위해서'(고백자 성 막시모스) 말입니다. 영적인 여정에서는 두려움을 가지고 끊임없이 진보해나가야만 합니다. 처음에는 지옥과 징벌에 대한 두려움(초보적인 두려움)을 가질 필요가 있습니다. 그런 다음에는 은총을 잃지나 않을까 은총이 사라지지나 않을까 하는 두려움(완전을 향한 두려움)을 가져야 합니다. '두렵고 떨리는 마음으로 여러분 자신의 구원을 위해 힘쓰십시오.'(필립비 2:12)라고 사도 바울로는 말씀하십니다."

"아버지여, 정화를 이룬 이후 하느님과의 완전한 연합을 누리기 전에 기도의 경주자가 받게 되는 은총은 무엇인지 말씀해 주실 수 있는지요? 또 기도의 다른 열매에 대해서도 설명해 주십시오."

"영적 투쟁 속에서, 수도승은 하느님의 위로인 그리스도의 현존을 느낍니다. 그것은 우리 안에 '온화한 청명함', 흔들림없는 평화, 깊은 겸손, 모든 이들을 향한 흘러넘치는 사랑을 퍼뜨립니다. 하느님의 이 현존이 주는 위로는 인간의 그 어떤 것과도 비교할 수 없습니다. 나는 큰 병에 걸려 병원에 입원한 한 금욕가를 알고 있습니다. 최고의 실력을 갖춘 의사들이 깊은 존경심을 가지고 그의 병상을 찾아와 치료하였습니다. 물론 수도승의 병은 나았고, 의사들에게 감사한 후 다시 암자로 돌아왔습니다. 그러나 얼마 후 그는 다시 병에 걸리고 말았습니다. 그는 독수도승이었기 때문에 곁에서 도와줄 형제도 없었습니다. 그는 많은 고통을 받았지만 의사들의 정성스럽고 사랑이 넘치는 치료나 처방약의 탁월한 효과와는 비교될 수조차 없는 하느님의 위로를 느꼈습니다. 그는 비교할 수 없는 평정을 얻었습니다. 그래서 어떤 은수도승은 세상 사람들은 이해할 수 없겠지만 하느님의 위로가

주는 흘러넘치는 온화함과 취할 듯한 기쁨을 얻기 위해 일부러 인간의 위로와 돌봄을 피하기도 하지요."

"영적 기도의 열매는 참으로 놀랍군요!"

"주위에 있는 형제로 인한 시련에서 도리어 기쁨을 얻은 사람은 영적 삶의 고요하고도 빛나는 창공으로 날아갑니다. 지상에 사는 사람들의 화살이 결코 닿을 수 없는 높은 곳으로 말입니다. 그런 사람은 그런 시련으로 고통 받지 않을 뿐만 아니라 아예 그것이 시련이라는 것조차 알지 못합니다. 그는 마치 아무리 돌을 던져봐야 소용없는 높이 나는 비행기와 같습니다. 그는 중상모략도, 박해도, 멸시도, 험악한 욕설에도 아무런 영향을 받지 않습니다. 그는 오로지 형제들이 죄로 인해 걸려 넘어지는 것 때문에 마음 아파합니다. 만약 사람들이 어떻게든 그에게 시련을 준다 하더라도 그는 그로부터 헤어나오는 방법을 잘 알고 있습니다. 『교부 금언집』에는 다음과 같은 예가 전해 오고 있습니다.

> 장로 중 한 사람이 아빠스 아킬라스를 보러 갔을 때, 아빠스가 피를 뱉어내는 것을 보았다. 그래서 그는 아빠스에게 물었다.: '아버지여, 그게 무엇입니까?' 그러자 노수도승이 말했다. '그러니까, 나를 가슴 아프게 한 한 형제의 말이었네. 나는 그가 나에게 무슨 말을 했는지 알지 않으려고 노력했지. 나는 하느님께 그의 말로부터 나를 벗어나게 해달라고 기도했다네. 그러자 그 말들이 내 입 안에서 핏덩어리가 되어 버렸다네. 나는 피를 뱉어냈지. 그 결과, 나는 고요함을 되찾았고 아픈 마음은 사라져 버렸지.'

"이는 정말 그 형제에 대한 완전한 사랑을 보여주는군요. 모든

것을 용서하는 사랑 말입니다. 그는 기억조차 하지 않으려고 했어요! 바로 이것이 완전 아니고 무엇이겠습니까!"

"그렇습니다. 그것은 예수기도를 통해서 얻어집니다. 이 사랑은 삶 속에서 '인류의 하나됨'을 구현할 때 가능한 것입니다. 그것은 기도의 달콤한 열매입니다. 우리는 나 자신을 하나로 일치시킬 뿐만 아니라 인류 전체의 하나됨과 일치를 느끼게 되는 것이지요."

"신부님", 은수도승은 계속 말을 이어갔다. "인간 본성의 이 통일성이 아담의 범죄 직후 깨져버렸다는 것은 당신도 잘 아실 것입니다. 하느님께서는 아담을 지으신 후 아담의 옆구리로부터 하와를 만드셨습니다. 아담은 하와의 창조를 보고 기뻐했고, 그녀가 자기에게서, 자기 몸에서 나온 존재임을 느낄 수 있었습니다.

> 드디어 나타났구나. 내 뼈에서 나온 뼈요, 내 살에서 나온 살이로구나! (창세기 2:23)

하지만 타락한 후, 하느님의 질문에 아담은 이렇게 말합니다.

> 당신께서 저에게 짝지어 주신 여자가 그 나무에서 열매를 따주기에 먹었을 따름입니다. (창세기 3:12)

타락 전 하와는 그의 '뼈'였지만 타락한 후 그녀는 하느님께서 그에게 주신 '여자'가 된 것이지요! 바로 여기서 죄를 범한 후 인

간 본성에 균열이 발생했음이 명백하게 드러납니다. 그 후 아담의 자식들과 이스라엘 백성들, 그리고 모든 인류 역사 속에서도 이 균열은 명백합니다. 이것은 당연합니다. 하느님을 잃어버린 순간부터 인간은 자신도 잃어버리고 다른 사람과 멀어집니다. 그것은 전적인 소외요 속박입니다. 인간 본성의 재통일은 '그리스도에게서' 이루어졌습니다. 그리스도께서는 '손을 내미시어 갈라져 나간 것들을 다시 연합'시키셨습니다. 그리하여 그분은 인간 본성에 통일성을, 그리스도와 연합된 자 각각에게는 새 삶의 가능성을 주셨습니다.

그러므로 금욕가는 기도를 통해서 예수 그리스도에 대한 크나큰 사랑을 얻고, 이 사랑을 통해서 그리스도와 연합됩니다. 그가 하느님께서 사랑하시는 것을 사랑하고 또 하느님께서 원하시는 것을 원하는 것은 너무 자연스럽습니다. '하느님께서는 모든 사람이 다 구원을 받게 되고 진리를 알게 되기를 바라십니다.'(I 디모테오 2:4) 그것은 또한 기도의 경주자가 원하는 것이기도 합니다. 그는 세상에 존재하는 악 때문에 마음 아파하고 형제들의 실족과 무지 때문에 가슴을 칩니다. 죄는 언제나 교회론적 차원을 가지고 또 우주 전체에 영향을 미치기에, 기도하는 사람이 인간사의 모든 흥망성쇠를 자신의 삶 안에 체화하고 그로 인해 고통 받는 것은 너무나도 당연합니다. 겟세마네 동산에서 주님이 겪으셨던 고통을 기도의 경주자는 함께 겪습니다. 그래서 결국 그는 자신을 위해서는 기도하지 않고 오직 다른 이들을 위해 그들이 하느님을 아는 지식 안에 들어가게 해달라고 기도하게 되지요. 정념의 정화, 생명을 주는 신적인 은총의 획득, 그리고 타인을 위한 기도 – 이것은 예수 그리스도 안에서 인류 전체가 보편적 통일성을 가지고 있다는 인식으로부터 오는 것이지요 – 이것이야말로 가장 탁월한 사도직이 아니고 무엇이겠습니까! 그래서 교부들은 선교 활동을 인간 본성의 갱신과 통일을 위한 활동이라고 보았답니다. 누군가 스스로를 정화할 때마다 그는 결국 인류 공동체 전체에 유익한 뭔가를 행하고 있는 것입니다. 왜냐하면 우리 모두는 그리스도의 복된 몸의 지체들을 구성하고 있기 때문입니다. '한 지체가 영광스럽게 되면 다른 모든 지체도 함께 기뻐하지 않겠습니까?'(I 고린토 12:26)라고 바울로 사도가 말했듯이 말입니다. 지극히 거룩하신 성모님은 가장 대표적인 예입니다. 그분은 '은총이 가득하신' 이가 되었고, 그 결과 인간 본성 전체를 복되게 하셨고 아름답게 하셨습니다. 정화되시고 은총을 가득히 받으신 성모님은 온세상을 위해 기도하십니다. 그래서 우리는 성모님이야말로 가장 위대한 사도직을 수행하시고 인류 전체를 위한 참된 섬김을 아주 효과적으로 완수하고 계시다고 말할 수 있습니다."

영적 아버지께서는 잠시 말을 멈추었다가 다시 입을 여셨다.
"기도의 경주자는 또한 자연 전체의 통일성을 느낍니다."
"그게 무슨 말씀이시지요?"
"말하자면 모든 자연이 그를 알게 된다는 것입니다. 아담은 타락하기 전 모든 창조세계의 왕이었습니다. 모든 동물이 그를 왕으로 알아보았습니다. 하지만 타락한 후 이 관계는 깨져버렸습

니다. 자연은 더 이상 그를 알아보지 못하게 된 것이지요.

니콜라스 카바질라스는 이 상황을 아주 분명한 방식으로 이렇게 분석합니다.

> 인간은 하느님의 형상대로 만들어졌다. 아담의 이 '하느님의 모습대로'는 하느님의 빛을 온 우주 만물에 비추어주는 맑은 거울을 제공한다. 거울이 흠 없이 맑다면 온 우주는 그것으로 인해 빛난다. 하지만 그것이 깨져서 산산조각나면 두터운 어둠이 창조 세계 전체를 집어삼킨다. 그 때부터 자연 세계는 인간에 반역하여 일어선다. 자연은 더 이상 인간을 인정하지 않고 인간에게 자신의 열매를 주려하지도 않는다. 인간은 오직 투쟁과 노동을 통해서만 살아남을 수 있게 된다.

마찬가지로 동물들도 인간을 두려워하고 해치기도 합니다. 하지만 '성령 안에' 거하는 사람이 그리스도의 은총을 받을 때, 영혼의 모든 능력이 통일되어 인간은 다시 '하느님의 모습을 닮아'[5], 다시 말해 거울, 빛으로 회복되어 이성이 없는 자연물에 이

---

5 역자주 '하느님의 모습을 닮은'이라는 창세기 1장 26절은 그리스도교 인간학에 있어서 아주 중요한 구절이다. 인간의 본성 안에 하느님의 모습이 감추어져 있다는 선언이야말로 인간이 얼마나 고귀한 존재인가를 잘 보여준다. 교부들은 칠십인역 희랍어 구약 성경에 따라 이 구절을 읽고 해석했는데, 특별히 '하느님의 모습'과 '하느님을 닮은'을 구별하여 전자는 인간 안에 존재하는 신적 가능성, 신성의 불꽃을 의미하는 것으로, 후자는 그러한 가능성을 하느님의 은총을 통해 활짝 꽃피워 인간 존재의 참된 목적인 신화에 이르고, 하느님의 성품에 참여한 자가 된 상태를 의미하는 것으로 이해했다. 이 한 구절 안에 인간 존재의 참된 본성과 가능성과 목적이 다 표현되어 있다는 것이다. 정교회는 이러한 교부들의 해석 전통을 계승하여 이 구절에서 그리스도교 인간학과 구원론의 핵심을 파악한다.

르기까지 하느님의 은총을 비추게 됩니다. 그러면 동물도 그를 알아보고 그에게 복종하며 공경하게 됩니다. 금욕 수도승이 곰이나 다른 들짐승과 사이좋게 지내는 예가 결코 적지 않습니다. 수도승은 짐승에게 먹이를 주고 짐승은 그를 주인처럼 따른다는 것입니다. 이렇게 기도를 통해서, 하느님 은총의 획득을 통해서, 그는 다시 자연세계의 왕이 되고 아담보다 더 높은 지위로까지 올라가게 됩니다. 교부들에 따르면 아담은 '모습대로' 만을 소유했을 뿐 '닮음'에까지 이르려면 하느님께 순종해야 했기 때문입니다. 그는 아직 신화에 이르지 못했습니다. 단지 신화의 가능성을 가졌을 뿐이지요. 하지만 금욕가는 하느님의 은총을 통해 '닮음'까지 획득하기 때문입니다. 신화에 이른다는 것이지요. 비록 하느님의 본질 안으로 들어가지는 못하지만 하느님의 창조되지 않은 에너지에 참여한다는 말입니다. 이렇게 자연이 인간을 다시 왕으로 승인하게 된 예를 들어볼까 합니다. 영원히 기억될 복되신 나의 영적 아버지께서 기도를 하실 때였습니다. 새들이 그분의 방 창문에 모여들기 시작했지요. 그리고는 부리로 창유리를 쪼아대는 것이었어요. 우리는 그것이 기도를 못하게 방해하려는 악마의 계교였다고 믿었지요. 하지만 사실 이 새들은 나의 영적 아버지의 기도에 매혹되었던 것입니다!"

"아버지, 당신께서는 나를 완전에까지, 영적 삶의 궁극에까지 올려주셨습니다. 사람이 다시 왕이 된다는 …"
은수도승은 엷은 미소를 지었다.

"더 높은 곳이 있습니다. 조금 전에 말한 것처럼 수많은 싸움 후에 금욕가는 신비경, 신적인 이탈을 맛 볼 수도 있고, 새 예루살렘, 새 약속의 땅에 들어가는 경우도 가능합니다. 마치 신비경 속을 헤메듯 하는 지성은 창조되지 않은 빛을 봅니다. 주변모 축일 만과 때, 우리는 다음과 같은 축일찬양송을 부릅니다.

> 산에서, 주체할 수 없는 당신의 빛의 홍수, 접근할 수 없는 당신의 신성을 보고, 선택된 제자들은 그 거룩한 신비경에 의해 변화되었나이다.

신비경과 관상은 연결되어 있습니다. 신비경이라 할 때 우리는 꼼짝달싹할 수 없는 부동의 상태가 아니라 하느님의 현존과 영적인 운동을 생각합니다. 그것은 무력함이나 죽음과 같은 상태라 아니라 하느님을 향한 운동입니다. 교부들은 어떤 이가 기도를 하는 동안 하느님의 빛에 사로잡히면, 입술로 기도하는 것을 멈추게 된다고 말합니다. 입과 혀는 침묵하고, 심장의 박동조차 조용해집니다. 그런 후 기도의 경주자는 다볼산의 그 빛을 보는 은총을 받습니다. 그는 하느님의 창조되지 않은 에너지를 봅니다. 그것은 '하느님의 본질로부터 오는 영광이고 신성의 본질이 드러나는 화사한 옷이며, 시작도 없고 창조되지도 않았고, 본질로부터 발하는 것'(성 그레고리오스 팔라마스)입니다. 그것은 제자들이 보았던 다볼산의 그 빛과 동일한 것이고, 그것은 하느님 나라이며 영원성 그 자체입니다. 성 그레고리오스 팔라마스에 따르면, 빛은 '다가올 세상의 아름다움'이고, '다가올 지복들의 실체'

이고, '하느님에 대한 완전한 관상'이며, '최고 하늘에서 누릴 양식'입니다. 창조되지 않은 빛을 볼 자격이 있었던 이들은 신약 시대의 예언자들입니다. 왜냐하면 구약 시대의 예언자들이 시간을 뛰어넘어 미리 그리스도의 성육화, 즉 그리스도의 첫 번째 오심을 보았던 것처럼 창조되지 않은 빛을 관상한 이들은 시간을 뛰어넘어 하느님 나라에서의 그리스도의 영광을 미리 앞서서 보는 것이기 때문입니다."

잠시 정적이 지나간 후, 영적 아버지께서는 깊이 숨을 몰아쉰 후 계속 말씀을 이어갔다.

"그러므로 하느님의 빛은 존재 전체를 사로잡습니다. 그 빛은 수도승의 방을 그리스도의 빛으로 밝게 비추어줍니다. 수도승은 그 빛에 '고요하게 취하게 되는 것'이지요. 그래서 보이지 않는 하느님을 보게 되는 것입니다. 신신학자 성 시메온은 이렇게 말합니다.

> 하느님은 빛이시다. 하느님을 보는 것은 빛과 같다.

이때 수도승은 '신학자들의 챔피언'인 성 그레고리오스 팔라마스의 말대로 '하느님의 빛을… 너무나도 사랑스럽고 거룩한 그 광경을 주의깊게 본다.'는 것이지요. 마카리오스 크리소케팔로스는 하느님 관상을 이렇게 묘사했습니다.

> 그리스도를 열심히 만나는 것만큼 아름다운 것이 또 어디 있을까요? 하느님을 관상하는 것보다 더 바라고 싶은 것이 무엇일까요?

이 빛보다 더 부드러운 것은 그 어디에도 없지요. 그 빛으로 모든 천사들과 인생들이 밝게 빛을 드러내지요. 우리 모두가 살아가는, 우리 모두가 약동하는 이 생명보다 더 살가운 것은 그 어디에도 없지요. 영원한 생명의 이 아름다움보다 더 멋진 것은 그 어디에도 없지요. 영원한 이 기쁨, 완전한 이 즐거움, 가없는 이 지복보다 더 원하고 싶은 것은 그 어디에도 없지요.

기쁨과 행복은 한이 없습니다. 이런 상황을 묘사할 수 있는 말은 존재하지 않습니다. 신신학자 성 시메온은 대강이나마 이런 시적인 묘사로 만족했답니다."

나는 내 침상에 앉아 있지만 동시에 이 세상 밖에 있지요.
내 방 한가운데 앉아서, 이 세상 밖에 계신 이,
그 분이 함께 하심을 보고, 그 분을 보고, 그 분과 말씀을 나누지요.
그리고 감히 말씀드리지만, 나는 그 분을 사랑하고,
그 분 또한 나를 사랑하지요.
나는 먹습니다.
나는 이 관상만으로 양식을 삼습니다.
오직 그 분과 하나가 되어, 저 하늘을 훨훨 넘어선답니다.
이것은 참이고 분명합니다.
나는 그것을 알고말고요.
하지만 내 몸이 어디 있는지는 나도 모르겠습니다.
나는 압니다. 움직이지 않으시는 분이 내게 내려오셨음을.
나는 압니다. 보이지 않으시는 분이 내게 나타나셨음을.
나는 압니다. 이 세상과는 다른 곳에 있는 그 분이
나를 취하여 그의 품에 안으시고, 그 팔 안에 숨기심을.

그러니 이제 나는 이 세상 밖에 있습니다.
하지만 나는,
죽을 수밖에 없는 나는,
이 세상에서 가장 작은 나는,
나는 내 안에서, 세상의 창조주, 그 분 전체를 관상합니다.
나는 압니다. 내가 죽지 않을 것을.
내가 생명 안에 있기 때문이지요.
나는 온전한 생명을 가지고 있기 때문이지요.
그 생명이 내 안에서 흘러넘치기 때문이지요.

영적 아버지는 이 구절을 불꽃처럼 읽어 내려갔다. 그의 목소리는 열정으로 가득 찼고, 그 눈은 빛이 났다. 그의 얼굴은 말할 수 없는 기쁨으로 빛났다. 나는 아버지의 떨리는 목소리를 듣고 영적인 행복감에 눈물을 흘릴 만큼 깊이 감동되었다.

"물론, 그의 얼굴도 하느님의 현존으로 밝게 빛나고, 마치 모세처럼 그는 '무지의 어둠' 속으로, '잃어버릴 수 없는 지식' 속으로, '말로 다 할 수 없는 신학' 속으로 들어갑니다."

영적 아버지는 다시 한번 잠시 말을 멈추었다. 나는 거의 황홀경에 도취되기나 한 듯, 벅찬 가슴에 숨을 헐떡이듯 아버지의 말씀을 따라갔다.

"그 빛의 이 부드러움은 우리의 몸으로도 느껴집니다. 왜냐하면 그 빛으로 인해 우리의 몸도 변화되기 때문입니다.

> 몸도 어떤 의미에서는 이 활동적인 은총에 참여한다. 그것은 이 은총에 의해 변화되고 영혼의 비밀스런 곳에서 벌어지는 이 신비를

알아차리게 된다.

그리하여 몸은 '이상하리만치 은밀해지고 따뜻해집니다.' 다시 말해 빛을 관상함으로써 얻는 열매인 이상한 온기를 느끼게 된다는 것입니다. 그것은 마치 불이 밝혀진 초와 같습니다. 초와 같이 그의 몸은 따뜻해지고 밝게 빛납니다."

"죄송합니다만 질문이 한 가지 있습니다. 신성모독이 될지도 모르겠지만 그럼에도 감히 질문 드리겠습니다. 몸의 이러한 변화는 실재하는 것입니까 아니면 하나의 환상에 지나지 않는 것입니까? 말하자면 상상으로만 온기를 느끼는 것은 아닌지요?"

"아닙니다. 그것은 실재하는 일입니다. 몸은 영혼에 일어나는 모든 일에 참여합니다. 몸이 악마의 지배를 받는 것은 몸 자체가 악해서 그런 것이 아닙니다. 그것은 오히려 육에 따른 생각들 때문에 그런 것이지요. 게다가 빛의 관상은 성령에 의해 변화되고 더욱 강건해져서 창조되지 않은 빛을 볼 수 있게 된 육의 눈으로 하는 관상입니다. 성경에는 하느님의 은총이 영혼을 거쳐 몸마저도 관통한다는 것, 이 몸이 생명을 주시는 하느님의 은총의 활동을 감지한다는 것을 보여주는 예는 많습니다."

"그 중 몇 가지만이라도 상기시켜 주시면 안 될까요?"

"다윗의 시편을 보면 많은 구절이 이를 증언해줍니다.

> 나의 마음 나의 이 몸이 살아 계신 하느님께 기쁜 소리 지르옵니다.
> (시편 84:2)

> 나는 진심으로 그분을 믿고, 믿어 도움받은 것, 내 마음(몸) 기뻐 뛰
> 놀며 감사하리라. (시편 28:7)
> 당신의 약속은 말부터가 혀에 달아 내 입에는 꿀보다도 더 답니다.
> (시편 119:103)

또 모세의 경우도 한 예입니다. 모세가 시나이 산에서 율법 돌판을 들고 내려왔을 때, 그의 얼굴에 빛이 났다고 했습니다.

> 모세는 시나이 산에서 내려왔다. 산에서 내려올 때 모세의 손에는
> 증거판 두 개가 들려 있었다. 그런데 모세는 야훼와 대화하는 동안
> 에 자기 얼굴의 살결이 빛나게 된 것을 모르고 있었다. 아론과 이
> 스라엘 백성이 모세를 쳐다보니 그의 얼굴 살결이 환하게 빛나고
> 있었으므로 모두들 두려워하여 가까이 가지 못하였다.
> (출애굽기 34:29~30)

하지만 이런 현상은 첫 번째 순교자인 스테파노스 대보제의 경우에서도 발견됩니다. 사람들이 그를 산헤드린으로 끌고 갔을 때 '그러자 의회에 앉았던 사람들의 시선은 모두 스데파노에게 쏠렸다. 그의 얼굴은 마치 천사와 같이 보였다.'(사도행전 6:15)고 했습니다. 성 그레고리오스 팔라마스는 우리 주 예수 그리스도께서 겟세마네 동산에서 기도하실 때 흘린 땀방울이 '하느님을 향해 드려진 기도만으로도 우리 몸 안에 감각될 수 있는 열기가 만들어진다는 것'을 보여주는 증거라고 생각했습니다."

"아버지여, 송구스럽습니다. 세상 사람인 우리들은 잘 이해하

기가 힘드는군요. 하지만 한 가지 질문을 더 여쭙겠습니다. 우리 시대에도 기도를 통해 그런 변화를 받고 또 창조되지 않은 빛을 본 수도승들이 있습니까?"

영적 아버지는 엷게 웃음을 띠며 말했다.

"만약 성령께서 교회 안에서 일하시기를 그치셨다면, 창조되지 않은 빛을 보는 사람들이 존재하는 것도 그치겠지요. 이 거룩한 산은 아주 위대한 보물을 감추고 있습니다. 무엇이든지 간에 이 거룩한 산에 적대적인 사람들은 적이고 하느님을 고발하는 자입니다. 아타나시오스 성인의 시대에 어떤 이들은 그리스도의 신성을 의심했습니다. 그레고리오스 팔라마스 성인의 시대에도 어떤 이들은 창조되지 않은 에너지가 신성의 발현임을 의심했습니다. 오늘날도 많은 사람들이 비슷한 오류의 죄를 범합니다. 우리도 창조되지 않은 빛을 본 사람들의 존재를 의심하기 때문입니다. 오늘날에도 성화된 수도승들, 은총으로 신들이 된 수도승들이 물론 존재합니다. 이 땅이 존속하는 것은 바로 이들 놀라운 투시력을 지닌 금욕가들 덕택입니다. 그들은 죄로 어두워진 우리의 땅을 밝혀줍니다."

"다소 건방진 질문이 될 수도 있겠습니다만, 아버지께서도 그 빛을 보셨는지요?"

" … "

이 보잘것없는 저작을 읽는 독자들은 나의 이 질문 다음에 이어졌던 아주 당혹스러웠던 상황과 그 속에서 드러났던 모든 것들에 대해 더 이상 말하지 않는 것을 양해해 주길 바란다. 나는 침묵의 도포자락에 그것을 숨기는 편을 선호한다. 나의 이 결정을 용서해주길 희망하면서. …

깊은 침묵의 시간이 지난 후, 나는 대담하게도 다시 이 금욕가를 졸라대기로 마음먹었다. 시간은 자꾸 흘러가는데, 나는 너무도 배우고 싶은 것이 많았기 때문이었다. 나는 '하느님을 본 이 영적 아버지'로부터 가능한 한 많은 것을 배워가고 싶었다.

"아버지여, 당신은 오늘날에도 이 거룩한 산에는 창조되지 않은 빛을 본 수도승들이 존재한다고 말씀하셨습니다. 저는 한 수도승이 여러 차례 그 빛을 볼 수도 있을 것이라고 생각합니다. 그 경우 그는 매번 같은 빛을 보게 되는지요?"

"우리는 영적인 빛과 우리 육안으로 볼 수 있는 빛이 있다고 말할 수 있습니다. 우리 육안도 변화되어 볼 수 있는 능력을 가지게 되니까 말입니다. 계명은 영적인 빛입니다. 그 계명을 지키는 사람은 빛을 받게 되는 것이지요.

> 당신의 말씀(법)은 내 발에 등불이요, 나의 길에 빛이옵니다.
> (시편 119:105)

그리스도의 계명은 '영생의 말씀'이지 그저 외적인 도덕규범이 아닙니다. 마찬가지로 그리스도의 계명을 지키려는 노력인 덕(德)도 빛입니다. 믿음이 빛이요, 소망과 사랑도 빛입니다. 하느님은 참 빛이요, '세상의 빛'입니다. 하지만 '하느님은 사랑이시다.'라고 했듯이 하느님의 이름은 사랑입니다. 그래서 우리는

사랑이야말로 다른 모든 덕보다 가장 찬란한 등불이라고 말하는 것입니다. 회개도 빛입니다. 사람의 영혼 안에서 빛나고, 사람을 두 번째 세례조로 이끄는 빛입니다. 이를 통해서 사람의 두 눈은 영적인 근시로부터 자유롭게 벗어나는 것입니다. 모든 그리스도인들, 특별히 정념을 정화하려 애쓰는 그리스도인이 선한 싸움을 통해서 받게 되는 것이 바로 이 빛입니다. 물론 그들이 경주한 싸움에 따라 이 빛을 받게 되겠지요. 신학자 성 그레고리오스는 어디선가 '정화가 있는 곳에 조명이 있다. 왜냐하면 조명은 정화 없이는 주어지지 않기 때문이다.'라고 말했습니다. 바로 이러한 사상에 기초해서 우리는 '만약 사람이 이생에서 그 빛을 보지 못한다면 다가올 하느님 세상에서도 그것을 볼 수 없을 것이다.'라는 신신학자 성 시메온의 말을 적용할 수 있습니다.

하지만 가끔씩은 위대한 정화와 영적 싸움의 결과로, 또 하느님의 특별하신 호의로 인해 다볼 산의 세 제자들처럼 그 빛을 육안으로 볼 수 있었던 사람들도 있습니다. 하지만 여기에는 한 가지 차이가 있습니다. 처음으로 그 빛을 볼 때, 그들은 그 빛을 그들 안에서 기뻐 둥실대는 커다란 빛처럼 관상합니다. 하지만 그것은 실상 어렴풋한 빛일 뿐입니다. 그럼에도 불구하고 말씀드렸듯이 그들은 그것을 커다란 빛으로 봅니다. 이전에 그들이 처했던 암흑의 세계와 비교해서 그렇게 경험되는 것이지요. 그래서 그들은 이전에는 경험하지 못했던 뭔가 새로운 삶을 영위합니다. 하지만 두 번째로 그 빛을 볼 때는 그 빛이 훨씬 더 생생합니다. 그들은 이미 이 관상에 좀 더 잘 적응이 되었기 때문입니다. 하지만 우리가 하느님의 본질에 더욱 가까이 다가갈수록, 우리는 하느님 본성의 비가시성을 볼 뿐입니다. 그래서 교부들은 이것을 '빛보다 더 밝은 어둠'이라고 불렀습니다.

니싸의 성 그레고리오스가 소개한 바대로, 하느님을 본 사람 모세의 예를 통하면 좀 더 잘 이해되지 않을까 생각합니다.

> 하느님께서 모세를 불러 그 백성을 약속된 땅으로 인도하라고 하실 때, 모세는 먼저 호렙산에서 불타는 가시떨기 나무의 모습으로 하느님을 체험한다. 두 번째에는 하느님께서 모세를 어둠 속으로 들어가게 하시고 그곳에서 그를 만나신다. 먼저 빛이 있고, 다음에 어둠이 온다.

처음에 사람은 그 이전의 어둠 속에서의 삶 때문에 빛을 보는 것이라고 성 그레고리오스는 설명합니다. 하지만 시간이 지나면서 하느님의 본질에 더욱 가까이 갈수록 사람은 보이지 않는 어둠을 봅니다. '하느님의 본질의 볼 수 없음'을 본다는 것이지요. 성인의 글 전체를 읽어드리겠습니다.

> 모세가 어둠 속에 들어간 것과 그 속에서 하느님을 본 것은 무엇을 의미하는가? 이 이야기는 어떤 점에서는 처음의 신현현과는 모순된 것처럼 보인다. 처음에는 빛 속에서였는데, 지금은 어둠 속에서 신성이 현현했으니 말이다. 하지만 이것이 우리가 알고 있는 영적 현실의 일반적인 과정과 불일치한다고 생각하지는 마시라. 본문은 그것을 통해서 우리에게 참된 신앙의 지식은 먼저 그것을 받은 사람들에게 빛임을 가르쳐준다. 실제로 참된 신앙과 반대되는 것은 암흑이고, 암흑은 빛이 발하면 흩어지게 된다. 하지만 앞으로

나아가는 과정에서 더욱 위대하고 완전한 노력을 통해서 점점 실재에 대한 참된 지식을 이해하게 되고 관상에 접근해 갈수록, 영은 하느님의 본성은 볼 수 없는 것이라는 사실을 점점 더 명확하게 보게 된다. 감각이 지각하는 것뿐만 아니라 지성이 보았다고 믿는 것까지 다 포함하여 모든 표면적인 것을 뒤에 남겨둔 채, 영은 항상 더욱 내적인 것을 향해, 볼 수도 없고 이해할 수도 없는 것에 맞닿아 있는 그 무엇을 향해 나아가게 되고, 바로 그 지점에서 하느님을 보게 된다. 바로 이것이 영이 그토록 찾고자 한 그 분에 대해 참되게 아는 것, 다시 말해 하느님을 보는 것이다. 보지 못하는 바로 그 사실 안에서 하느님을 보는 것이다. 왜냐하면 영이 찾는 분은 모든 지식을 초월한 분이며 마치 어둠처럼 자신의 이해불가능성으로 인해 모든 것으로부터 멀리 떨어져 계신 분이기 때문이다.

이것이 바로 일반적으로는 일어나는 일입니다. 사람은 어렴풋한 빛에 대한 관상에서 보다 찬란한 빛의 관상으로 나아가고 마침내 성 그레고리오스가 묘사한 '빛보다 더 밝은 어둠'에 이르게 되는 것이지요. 하지만 방금 인용한 본문을 바르게 이해할 수 있으려면 '빛보다 더 밝은 어둠' 속에서의 하느님 봄에 대한 교부들의 가르침을 잘 알아야합니다. 교부들의 가르침에 따르면 하느님은 항상 빛으로 나타나시지 결코 어둠으로 나타나지는 않습니다. 하지만 관상 속에 있는 금욕가의 조명된 지성은 하느님의 본질까지 파고들어가길 원할 때, 도저히 파고들어갈 수 없는 것과 조우하게 됩니다. 그것이 바로 신성의 '빛보다 더 밝은 어둠'인 것이지요. 그러므로 어둠은 하느님이 어둠으로 자신을 드러내신다는 것을 의미하지 않고 '접근할 수 없는 빛'이신 하느님의 본성을 인간은 도저히 볼 수 없다는 것을 의미하는 것입니다. 다시 말해 신성의 어둠은 빛입니다. 인간이 볼 수 없고 접근할 수 없는 빛인 것입니다. 하느님은 빛이십니다. '나는 세상의 빛이다.'라고 말씀하셨지, '나는 세상의 어둠이다'라고 말씀하시지는 않았으니까요. 아레오파고의 성 디오니시오스에 따르면,

> 신성의 어둠은 '사람이 가까이 갈 수 없는 빛'(1 디모테오 6:16)이다. 비록 그 광채가 너무도 강력해서 볼 수 없고 초자연적인 그 빛의 흘러넘침이 너무도 도도해서 접근할 수 없는 것이라 할지라도, 하느님을 알고 또 볼 수 있는 은총을 입은 사람들이 머무는 곳은 바로 이 빛이다. 보지 못함과 알지 못함 속에서의 봄과 앎이라 할 것이다.

바로 이런 영성 안에서 우리는 어둠이 빛보다 위에 있다고 말하는 것입니다.

어쨌든 교부들은 자주 신성의 어둠 안에 들어가는 것에 대해, '빛보다 더 밝은 어둠'에 대한 거룩한 관상에 대해 말합니다. 성 그레고리오스는 자기 친형제인 성 대 바실리오스를 두고 이렇게 말했습니다.

> 우리는 그가 종종 하느님께서 계시는 어둠 속에 들어갔다는 것을 압니다.

이런 말을 통해서 교부들이 전하고자 했던 것은 하느님의 본질 안에 들어갔다는 것이 아니라, '창조되지 않은 빛'은 자연 인

식을 통해 아는 빛을 한없이 뛰어넘는다는 것입니다. 실제로 정교의 가르침처럼, 사람은 하느님의 본질이 아니라 하느님의 창조되지 않은 에너지에 참여합니다. 사도 바울로는 이렇게 전하고 있습니다.

> 하느님은 오직 한 분이시고 복되신 주권자이시며 왕 중의 왕이시고 군주 중의 군주이십니다. 그분은 홀로 불멸하시고 사람이 가까이 갈 수 없는 빛 가운데 계시며 사람이 일찍이 본 일이 없고 또 볼 수도 없는 분이십니다. (1 디모테오 6:15~16)

신부님, 지금까지 말씀드린 것을 요약하자면, 교부들에 따르면 '빛보다 더 밝은 어둠'은 인간에게는 접근할 수 없는 하느님 본질의 빛입니다. 교부들이 '빛보다 더 밝은 어둠에 대한 거룩한 관상에 대해서 말할 때, 그것은 창조되지 않은 빛과 대조되는 어둠의 어떤 가치에 대해서 말하는 것이 아니라, 오히려 자연 인식, 즉 지성의 인식을 통해 아는 빛에 대해서 창조되지 않은 빛의 가치를 강조하여 말하고자 하는 것입니다.[6]"

"아버지, 질문이 한 가지 더 있습니다. 사람이 그 '빛'을 보고 있는 동안에도 계속해서 기도합니까?"

---

6 '빛보다 더 밝은 어둠'과 관련된 교부들의 가르침은 매우 흥미롭지만 난해하기도 하다. 하지만 보다 일반적인 독자들을 대상으로 예수 기도의 근본적인 특징을 보여주고자 한 이 저작의 취지에 따라 이 주제를 일차적이고 총괄적으로 검토하고자 한다. 교부들을 해석할 수 있는 정당성과 능력을 유일하게 갖추고 있다고 볼 수 있는 '하느님을 본' 현대적 경험과 이 주제를 관련시키면서 교부들의 관점을 분석하고 이해하기 위해서는 보다 특별한 연구가 필요하다.

"꼭 그렇지 않습니다. 하지만 우리는 '봄'의 기도라고 말할 수도 있겠습니다. 그는 그리스도를 봅니다. 그분의 신적인 현존을 만끽합니다. 그러면 기도는 말없이 전개됩니다. 성 이삭은 기도가 씨앗이라면 신비경은 기도의 수확이라고 말했습니다. 아주 작은 씨앗이 그와 같은 수확으로 되돌아오는 것을 보고 농부들이 의아해하고 놀라듯이, 기도의 경주자도 기도의 수확을 보고 놀랍니다. 그것은 기도의 자식입니다. 성 이삭에 따르면 '지성은 더 이상 기도로 기도하지 않지만 뭐라 이해할 수 없는 놀라운 일들이 신비경 안에서 일어납니다. 왜냐하면 그 지경에서는 무지가 지식을 넘어서기 때문입니다.' 그것은 '신비로 들어가는 침묵'이고 '영의 함구(緘口)'입니다. 교부들은 이러한 상황을 기도라고 불렀습니다. 왜냐하면 그것은 기도를 통해 받은 선물 중에서 가장 큰 것이고 그래서 주로 성인들에게 해당되는 것이기 때문입니다. 하지만 사람은 그것의 참 이름을 알지 못합니다. 왜냐하면 기도는 정지되고 말과 생각을 뛰어넘는 경지로 고양되기 때문입니다. 그래서 많은 교부들은 이런 상태를 '거룩한 안식', 혹은 '지성의 안식'이라고 말했습니다. 히브리인들이 쉼으로 안식일을 기념하라는 계명을 받았듯이, 이런 상태도 '모든 노고'로부터 쉼을 얻는 영혼의 안식입니다.

고백자 성 막시모스는 이렇게 말합니다.

> 안식 중의 안식은 이성을 가진 영혼의 영적인 쉼이다. 존재들 속에 있는 가장 고귀한 로고이(사유들)로부터 자신의 지성을 다시 불러 모을 때, 영혼은 신비경을 통해 오직 하느님만을 덧입고, 신비 신학

을 통해 온전히 하느님께만 고정된다.

이 순간 인간이 할 수 있는 유일한 것은 눈물을 흘리는 것입니다. 홍수 같은 눈물을 흘리게 되지요. 하지만 그것은 이전처럼 죄의식에서 비롯된 것이 아닙니다. 반대로 하느님의 창조되지 않은 에너지를 관상할 때 하느님께서 주시는 행복감과 기쁨과 환희의 눈물, '고통 없는 눈물', '행복한 눈물', 마음을 '신선하게 하고 해갈시켜 주는' 눈물입니다. 그렇습니다. 이 눈물은 얼굴에 눈물 협곡을 만들고 눈을 퉁퉁 붓게 합니다. 그렇게 사람은 '몸째 올라갔는지 몸을 떠나서 올라갔는지 나는 모릅니다.'(II 고린토 12:2)라고 고백하듯 넋을 잃고 맙니다. 영혼과 몸은 인간의 그 어떤 언어로도 묘사할 수 없는 기쁨 속에 흠뻑 잠기고 마는 것입니다.

성 그레고리오스 팔라마스는 아레오파고의 성 디오니시오스의 한 문장을 제시하면서 말하기를, 하느님과의 내밀한 교제를 사랑하여 그 밖의 모든 인연으로부터 자신의 영혼을 끊어내고 자신의 지성을 끊임없는 기도와 연결시키는 이는 비밀스런 등정으로 하늘까지 오르고, 고요와 침묵 속에서 모든 피조 세계 위를 훨훨 날아다니게 된다고 합니다.

> 그는 자신의 영을 하느님께 드리는 끊임없는 기도에 붙들어 놓는다. 그 기도를 통해 그는 온전히 자신 안에 집중하고 하늘로 오를 새롭고도 신비스런 방법을 발견한다. 그것은 붙잡을 수 없는 침묵의 어둠이라 불릴 수 있는 그 무엇이다. 신비스런 기쁨과 함께, 그

는 절대적으로 단순하고, 부드러움으로 충만한 고요 안에서, 참된 쉼과 침묵 안에서, 자신의 영을 이 기도에 붙들어 맨다. 그는 모든 피조 만물 위를 유유히 난다.

그렇게 되면 지상의 모든 것은 재나 두엄과 같이, 쓰레기 같이 보이게 됩니다. 그래서, 더 이상 정념의 충동을 느끼지 못할 뿐만 아니라 이 세상에서의 삶조차 잊어버리게 됩니다. 하느님의 사랑은 생명보다 더 부드럽고, 하느님을 아는 것은 그 어떤 지식보다도 달콤하기 때문입니다. '오, 무한히 자비롭고 거룩한 장관(壯觀)이여! 오, 거룩한 영원이여! 오, 신적인 부드러움이여! 오, 하느님의 사랑이여!'"

"아버지여, 아버지의 영적 비행을 더 이상 따라갈 수가 없군요…"

그러자, 아버지는 내가 가까이 다가와서 내 손을 잡고, 아주 애정이 넘치는 목소리로 이렇게 말했다.

"이해합니다. 하지만 내가 계속해서 이야기하기를 원한 것은 신부님이었고, 그래서 나는 말을 한 것뿐입니다. 그럼요. 신부님의 그 절규를 다 이해합니다. 게다가 그 빛을 관상할 때면, 우리도 상상할 수 없을 만큼 진이 다 빠지고 맙니다. 말 그대로 탈진하게 되지요. 하느님의 은총은 우리의 타락한 육신에 내려치는 채찍을 들고 우리에게 다가오는 것 같습니다. 우리의 나약한 육신은 그 은총의 무게를 버텨낼 수가 없는 것이지요. 그것은 한번

수그렸다가 서서히 일어섭니다. 나는 성만찬 예배를 드린 후 자주 녹초가 된 듯한 느낌을 받습니다. 그럴 때면 꼭 휴식을 취해야 합니다. 그래야 마치 발에 밟힌 들풀이 서서히 땅에서 일어서듯, 우리도 다시 육신의 힘을 회복할 수 있지요. 만약 하느님의 모든 은총을 다 보고 경험해야 한다면, 우리는 정말 죽어버리고 말 것입니다! 이렇게 모든 것을 알맞게 하는 것이 바로 하느님의 사랑입니다."

우리는 대화를 멈췄다. 깊은 침묵이 사방을 덮었다. 우리는 암자의 정원 한 구석에서 한 제자가 삽질을 하면서 기도를 읊는 소리를 들었다. 나의 심장은 터질 듯 고동치고 있었다. … 나는 '속된 사람들은 건드릴 수 없는' 신비신학의 지성소에 거의 근접해 있었다. 빛 비추임을 받은 성 시메온은 다볼 산의 창조되지 않은 빛 속에 살 때, '하느님을 사랑하는 님들'의 행복을 이렇게 노래했다.

> 지금 그분의 빛으로 옷 입은 이들은 행복합니다.
> 벌써부터 혼인 예복을 입게 되었으니까요.
> 누구도 그들의 손발을 묶어 영원한 불 속에 던져버릴 순 없을 거예요.
> 자기 마음에 빛을 밝혀, 꺼지지 않도록 잘 지킨 이들은 행복합니다.
> 이 인생 벗어나는 날, 행복하게 신랑을 만날 테니까요.
> 신랑이신 님은 손에 횃불을 들고 그들을 신혼 침실로 안내할 거예요.
> 하느님의 빛에 가까이 간 이들, 그 빛 안에 들어간 이들,
> 그래서 그 빛과 하나가 되어 그들 자신도 빛이 된 이들은 행복합니다.
> 더러운 의복을 완전히 벗어버렸기 때문이지요.
> 더 이상 쓰디쓴 눈물로 울지 않아도 되기 때문이지요. …

하느님께 기도하는 수도승,
하느님을 본 수도승,
사람들도 알 수 있을 만큼 하느님과 동행하는 수도승,
세상사 훌쩍 벗어나 사는 수도승은 참으로 행복합니다.
몸과 함께인지 몸을 떠나서 인지 모르지만 오직 하느님 안에만 있기 때문이지요. 다른 이에게는 말해서는 안 될 형용 못할 말씀을 듣게 될 것이기 때문이지요.
눈으로 본 적이 없는 것을 볼 것이요,
귀로 들은 적이 없는 것을 들을 것이요,
아무도 상상조차 하지 못한 일을 만나게 될 것이기 때문이지요.
자기 안에 세상을 비추는 빛이 형성된 것을 본 이는 행복합니다.
마치 그리스도를 잉태한 사람처럼 그분을 가졌기 때문이지요.
거짓을 말하지 않는 분이 선언한 것처럼,
그도 그리스도의 어머니로 불릴 것이기 때문이지요.

나는 거대한 불의 산, 이 생에서 이미 천상의 현실을 경험하며 살고 있는 수도승 곁에 있었다. 자연의 내적 평온, 내 영혼의 청명, 하느님. … 낙원. … 이 모든 것이 시간을 초월하여, 하지만 또한 시간 속에서 우리와 아주 가까이에 있다. 우리 곁에, 우리 가운데, 시간을 따라, 역사 안에.

"이 대화는 이쯤하지요." 아버지가 말했다. "나가서 좀 거닐까요?"

"싫습니다. 대신 어째서 기도가 학문이고 대학이 되는지 제게 말씀해 주십시오. 제가 원하는 것은 아버지께서 저를 오늘 박사로 만들어주시는 것입니다."

기도의 오류와 개선

"신부님은 정말 욕심이 많으시군요. 누구도 스스로 싸우지 않고는, 스스로 영적인 일에 착수하지 않고는 기도의 '박사'가 될 수 없습니다. 다른 이들이 하는 말은 모두 영적인 욕구를 터주기 위한 서론일 뿐입니다. 하지만 기도에 관한 나의 생각을 모두 개진하려면, 기도의 길에서 만나기 쉬운 위험과 오류에 대해 몇 마디 첨언해야 할 것입니다."

"맞습니다. 조금 전에 우리는, 수도승들이 너무 빨리 지성을 마음으로 내려 보내려 해서는 안되며, 위험을 피하려는 이 목적을 위해서 다양한 방법을 쓸 수 있다고 말했습니다. 이 위험와 오류에는 어떤 것들이 있는지요?"

"오류는 짧은 시간에 은총을 얻는 것이 좋다고 생각하는 것에서부터 시작됩니다. 기도 수행을 시작하면서 빨리 빛의 관상에 도달하길 원하는 사람들이 많습니다. 이 목표에 그렇게 빨리 도달하는 사람은 매우 드물기에, 그들은 금방 두려움을 갖게 되고 또 기도에 싫증을 내게 됩니다. 그러므로 기도의 경주자는 적어도 몇 년은 기도하며 영적인 싸움을 경주하겠다고 각오하지 않으면 안됩니다. 하느님께서는 우리의 의지를 무시하지 않습니다. 우리 모두는 인격들이고 자유를 가진 존재들이기 때문입니다. 하지만 우리 또한 하느님의 자유를 침해해서는 안됩니다. 하느님도 인격체이시기 때문입니다. 그러므로 하느님께서 합당하다고 판단하시고 또 그렇게 하길 원하실 때 우리에게 오시도록 맡겨두어야 합니다.

또 다른 오류는 심리신체적 방법을 너무 중시하는 것입니다. 이런 방법(들숨과 날숨, 심장 박동, 등)은 단지 우리의 지성을 집중시키고 외부 요인을 배제시키는 것을 돕는 하나의 수단일 뿐입니다. 다시 말해 이런 방법은 어떤 마술적인 효과를 가진 것이 아니라 단지 영이 산란해지는 것을 피하는데 유익을 줄 뿐입니다. 지성이 집중되어 쉽게 자기 안으로 들어가면 우리에게는 더 이상 이런 방법이 필요 없습니다."

"그 밖에 다른 오류는 없습니까?"

"있고 말구요. 그것들은 우리가 기도의 길에서 각 단계들을 넘어갈 때 발생합니다. 앞에서 우리는 여러 발전 단계들이 있다고 말했습니다. 크게 요약하자면 다섯 가지의 단계가 있지요. 첫째는 입술로 드리는 기도의 단계입니다. 둘째는 지성으로 예수에 대한 기억을 유지하는 것입니다. 이어서 지성은 마음(심장)으로 내려가야 하지요. 그럼에도 불구하고 어떤 이들은 단번에 두 번째 단계부터 시작해서 아무런 열매를 얻지 못하기도 합니다. 또 다른 이들은 첫째 단계에서 셋째 단계로 건너뛰기도 합니다. 호흡을 주요한 수단으로 삼아서 말입니다. 그것은 위험이 큽니다. 왜냐하면 조금 전에 말씀드렸듯이, 그럴 경우 당연한 이치로 심장에 큰 고통을 느낄 수 있고, 이것이 기도를 중지하게 되는 이유나 핑계를 제공하기 때문입니다. 실제로 그것이 병은 아닙니다. 하지만 어쨌든 그로 인해 이 거룩한 기도 수행이 중단될 수 있습니다.

눈물과 관련해서도 몇 가지 문제가 상존합니다.

우리는 앞서 기도가 지성 안에 자리 잡을 때 두 눈은 촉촉이 젖고 곧이어 눈물을 펑펑 쏟는다고 말했습니다. 그렇다그 해서, 그것이 항상 불가피하게 거쳐야하는 무엇은 아닙니다. 기도는 눈물 흘림 없이도 아주 잘 진행될 수 있습니다. 눈물이 없다고 해서 좌절할 필요가 없는 것이지요. 왜냐하면 하느님께서 원하신다면 눈물은 저절로 흐르는 것이기 때문입니다. 또 많은 눈물을 흘리며 기도할 때, 그것에 주의를 빼앗겨서는 안 되며 더구나 그것을 다른 이들에게 자랑삼아 이야기해서도 안 됩니다. 금욕적 체험은 우리가 이러한 상황에 너무 집착하면 그것은 곧 멈추어버리고 다시 돌아오기까지 꽤 시간이 걸린다는 것을 잘 보여줍니다. 한편 영적 기도의 '단계'들이 분명 있지만 그렇다 해도 이미 도달한 그 단계에 너무 매달려있어서는 안된다는 점을 나는 강조하고 싶습니다. 겸손하게 전진해 나가야 한다는 것이지요. 더 나아가서 이미 말한 것으로 알고 있습니다만, 기도할 때 교만은 정말 금물이요 가장 어리석은 것입니다. 그것은 떡고물을 구걸하다 그것을 얻었다고 동네방네 자랑하고 다니는 거지와 흡사합니다. 그것은 어리석음이요 죄악입니다."

"여기서 겸손이 아주 중요하겠군요."

"모든 일에 있어서 그렇습니다. 성 대 바실리오스는 겸손이야 말로 모든 덕의 보물창고를 지키는 파수꾼이라고 말합니다. 겸손은 모든 덕을 숨기고 자신마저도 숨깁니다. 일반적으로 영적 삶을 살아가고자 하는 사람은 아주 세심하게 교만을 피해야합니다. 특별히 교만이 허영, 헛된 영광의 모습으로 나타날 때가 그렇습니다. 허영심은 모든 덕에 나타나는 것임을 신부님도 잘 아시리라 믿습니다. 말 안에, 침묵 안에, 금식 안에, 철야 안에, 심지어는 기도 안에도, 평온과 인내 안에도 교만이 나타납니다. 허영심은 마치 적들을 성 안으로 불러들이기 위해 은밀하게 성문을 여는 배신자와 같다고 교부들은 말합니다. 아무리 도성에 아름답고 튼튼한 방어벽이 세워졌다 해도 적들의 손아귀에 떨어진다면 무엇 하겠습니까? 영적인 삶도 마찬가지입니다. 우리가 쌓은 덕과 힘이 어떻든지 간에 허영심은 우리를 사탄에게 넘겨주고 말 것입니다. 그래서 교부들은 허영심으로 인도하는 것이라면 그 어떤 것도 행하지 말라고 권면합니다.

다시 기도에 대해 말하겠습니다. 수도자는 이 기도 수행에 있어서 너무 지나침이 있어서는 안 됩니다. 왜냐하면 이 지나침은 분명 그를 악마에게로 인도할 것이기 때문입니다. 자신의 힘을 넘어서는 것은 결국 악마에게서 온 것이지요. 그래서 언제고 악마에게 사로잡히고 말 것입니다. 악마는 그를 놓아줄 듯 하다가는 뒤에서 밀어버립니다. 그러면 그는 벼랑 밑으로 굴러 떨어지게 됩니다. 그는 자연스럽게 패배당하고 마는 것입니다."

"그렇다면 어떻게 해야 이런 추락을 피할 수 있습니까?"

"구원의 길은 통회(痛悔, compunction)와 순종입니다. 기도는 통회와 아주 밀접하게 연결되어 있습니다. 사탄은 통회 속에서 살아가는 사람을 보면, 더 이상 그곳에 머물지 않고 그를 피해 달아납니다. 왜냐하면 악마는 통회로부터 태어나는 겸손을 두려워하기 때문입니다.

이런 이유로, 기도의 기쁨이 우리로 하여금 자만에 빠지게 하지 않고 오히려 기꺼이 껴안은 달콤한 슬픔으로부터 오는 무구(無垢)함을 보존하는 것이 되길 원할 때, 우리가 기도 안에서 붙잡아야 하는 가장 훌륭한 무기는 통회이다. (시나이의 성 그레고리오스)

순전한 기도의 길에서 통회는 죄인 의식과 함께 없어서는 안 되는 요소입니다. 기도의 경주자는 자신의 지성을 지옥에 붙잡아 두되 절망하지 말아야 합니다. 죄인의 감정, '무(無)'의 감정, 사람의 '친구'이신 예수에 대한 희망은 정교 신앙의 아주 특징적인 표지입니다. 그것은 모든 찬양송(뜨로파리온)의 바탕을 이루는 것입니다. 분명 깊은 통회를 가지고 사는 특권을 가진 사람은 많지 않다는 것을 강조할 필요가 있습니다. 모든 사람이 다 깊은 통회를 가지고 살아갈 수 있는 것은 아닙니다. 그러기 위해서는 정말 힘이 있어야 하고 그런 통회에도 흔들리지 않기 위해서는 사전에 하느님의 은총을 맛보아야만 합니다. 하지만 각자의 능력에 따라서 우리 모두는 이 복된 슬픔을 누리며 살아가야 합니다. 마찬가지로 영적 아버지에 대한 무조건적인 순종도 없어서는 안 됩니다. 가장 사소한 일에 이르기까지 모든 것은 영적 아버지의 축복과 그의 지혜로운 지도를 받아야 합니다. 창조되지 않은 빛에 관한 것까지도 말입니다."

"영적 아버지에 대한 순종과 창조되지 않은 빛의 관상이 무슨 관계가 있다는 말씀입니까?", 나는 당황해서 이렇게 물었다.

"없어서는 안 될 이 축복을 받지 않고 길을 가게 되면, 그는 이미 말했듯이 악마에 떠밀리어 가게 됩니다. 그는 자기 안에서 창

조되지 않은 빛을 보아야겠다는 끝없는 욕망을 발견합니다. 그는 그것이 완전이라고 믿고 신속히 그곳에 이르고자 합니다.

금욕가는 창조되지 않은 빛을 보려는 희망으로 금욕의 삶을 살아서는 안 된다고 성 디아도코스는 충고합니다. '이로 인해서 사탄에게 우리를 잡아 낚아챌 기회를 줄 수 있기 때문이지요.' 우리는 오직 하느님에 대한 사랑과 그 분의 거룩한 뜻에 대한 순종으로 이 기도 수행을 착수해야합니다. 왜냐하면 '빛의 천사'의 모습도 취할 수 있는 사탄은 하느님을 섬기는 천사들의 모습으로 나타날 수도 있기 때문입니다. 불행하게도 사람은 악마들과 속삭이는 것인 줄도 모르고 천사들과 함께 산다며 마치 완전에 이른 사람처럼 생각합니다! 그러므로 기도할 때 금욕가가 곧 창조되지 않은 빛을 보게 될 것이라는 생각을 품게 되는 것은 사탄으로부터 오는 시험입니다. 이렇게 아주 미묘하고 위험한 경우 아주 주의해야 합니다. 먼저 기도를 멈추고 아주 혹독하게 자기 자신을 책망해야 합니다. '비참하고 혐오스러운 자여, 네가 창조되지 않은 빛을 보길 원하느냐!'하고 말입니다. 사실, 위험들 중에서도 가장 큰 위험은 스스로 창조되지 않은 빛을 볼 자격이 있다고 우쭐해하는 것입니다! 그럴 때 우리는 이렇게 말할 수 있어야 합니다. '보아라. 나를 죽이려는 자들이 몰려온다. 내 영혼을 파괴하려고 악마들이 도착하였구나. 나에게 화가 미쳤구나!' 그러면 적들은 금방 사라집니다. 종종 악마는 수도승의 허영심을 만족시켜 주고 그를 더욱 철저하게 종으로 만들기 위해 수도승의 방에 빛을 가져오기도 합니다. 하지만 그것은 창조되지 않은

빛이 아닙니다. 그것은 창조된 빛이요 따라서 수도승을 속이는 악마적인 빛입니다."

"그렇다면 그것을 어떻게 식별할 수 있을까요?""
"이 두 가지 빛을 식별하는데 도움이 되는 다양한 방법이 있습니다. 몇 가지 기준을 말씀드려 보겠습니다.

첫째, 만약 우리가 순종을 통하여 창조되지 않은 빛의 관상에 도달했다면, 완전하고도 무조건적인 순종의 도가 진정성의 담보가 됩니다. 금욕가는 자신의 관상체험과 관련된 모든 것을 '거룩하고 무욕의 경지에 오른' 자신의 영적 아버지에게 다 고하고 그의 식별을 요청하여야 합니다. 영적 아버지의 지도가 필요 없다는 생각이야말로 사탄으로부터 오는 것입니다. 왜냐하면 사탄은 수도승을 음지와 오류와 종살이에 묶어두려 하기 때문입니다.

둘째, 거짓 예언자들에 대해서 주님께서는 '너희는 그들의 열매로 그들을 알아볼 것이다.'라고 말씀하셨습니다. 여기서도 마찬가지입니다. 창조되지 않은 빛과 창조된 빛 사이의 명백한 식별은 그 열매로부터 옵니다. 창조되지 않은 빛은 영혼 안에 자신의 보잘것없음에 대한 의식과 함께 평온, 고요, 겸손과 같은 덕(德)을 가져옵니다. 아브라함은 하느님과 대화를 나누게 되었을 때 스스로를 티끌이나 재만도 못하다고 했습니다.

> 그러자 아브라함이 다시 말했다. "티끌이나 재만도 못한 주제에 감히 아룁니다." (창세기 18:27)

욥도 마찬가지입니다.

> 당신께서 어떤 분이시라는 것을 소문으로 겨우 들었었는데, 이제 저는 이 눈으로 당신을 뵈었습니다. 그리하여 제 말이 잘못되었음을 깨닫고 티끌과 잿더미에 앉아 뉘우칩니다. (욥기 42:5~6)

이사야 예언자도 하느님의 영광을 보았을 때 이렇게 외쳤습니다.

> 큰일났구나. 이제 나는 죽었다. 나는 입술이 더러운 사람, 입술이 더러운 사람들 틈에 끼여 살면서 만군의 야훼, 나의 왕을 눈으로 뵙다니 … (이사야 6:5)

반대로 악마적인 빛의 관상은 교만, 허영심, 완전을 획득했다는 환상 등을 불어넣습니다. 시나이의 성 그레고리오스는 이렇게 말합니다.

> 은총의 결과는 분명하다는 것을 알아야 합니다. 악마는 아무리 자신을 위장한다해도 그 결과를 산출해 낼 수 없습니다. 부드러움도 관용도 겸손도 세상에 대한 거부도 만들어내지 못합니다. 악마는 쾌락과 정념을 불사르지 못합니다. 이런 모든 것은 은총의 결과입니다. 악마의 행동은 연기처럼 허망하고, 우쭐대고 방만하게 하는 것이며, 온갖 악의로 가득합니다.

우쭐댐과 함께 동요도 나타납니다. 성령의 사역은 우리 영혼과 육신에 평화와 용기, 무욕을 가져다주지만, 악마의 행위는 두

려움과 동요를 가져옵니다. 성 이삭은 모든 무질서는 악마에 감염된 것이라고 선언합니다. 왜냐하면 우리는 자신의 본성 안에 있는 것을 다른 사람들에게 전해주게 되는데, 성령은 본성상 '평화의 영'이어서 평화를 전해주지만, 악마는 본성상 동요와 두려움의 영이기에 두려움과 동요를 전해주기 때문입니다.

셋째, 영혼은 악마의 빛을 즉각 받아들이지 않고 주저합니다. 하지만 창조되지 않은 빛의 관상은 금방 확신을 갖게 되고 주저 없이 받아들입니다. 교부들이 말씀하신 것에 따르면, 감각적이든 지성적이든 영혼 안에 들어가서 마음속에 의심과 거부를 야기하는 모든 것은 하느님으로부터 온 것이 아니라 적대자 사탄에 의해 보내진 것이라고 합니다.(시나이의 성 그레고리오스) 창조되지 않은 빛은 예기치 않은 순간에 오지만 그것의 진실성은 조금도 의심되지 않습니다.

넷째, 빛의 색깔에도 차이가 있습니다. 다볼 산에서 제자들은 주님께서 변모하실 때 '얼굴은 해와 같이 빛나고 옷은 빛과 같이 눈부신'(마태오 17:2) 것을 보았습니다. 반대로 사탄의 빛의 색깔은 이를 경험한 많은 성인들의 증언에 따르면 불그스름하다고 합니다.

다섯째, 형태도 다릅니다. 창조되지 않은 빛을 본 이들은 어떤 윤곽이나 형태가 없는 말하자면 '형태 없는 빛'을 본다고 합니다.(신신학자 성 시메온) 혹 형태를 띨 경우에는 그 모습이 둥근 태양의 모습이라고 합니다. 하느님께서는 '둥글게 빛나는 태양처럼 혹은 형태 없는 불꽃처럼' 나타나십니다. 하지만 사탄의 창조된 빛을 관상할 때는 정반대의 현상이 나타납니다. 성 그레고리오스 팔라마스는 다음과 같은 예를 전해줍니다.

어느 날 아킨디노스가 거룩한 아토스 산에 도착했습니다. 그는 며칠 간 머물면서, 그레고리오스 성인에게 말하기를, 그가 기도하려 할 때 빛을 보았다는 것입니다. '그 빛은 심하게 푹 패여 있었고(아래 부분이 열려있었기에) 그 한가운데로 인간의 얼굴이 나타났다.'는 것이었습니다. 다시 말해 푹 패인 그 안으로 인간의 얼굴을 볼 수 있었다는 것이지요. 성인은 이 빛이 형태를 가지고 있기 때문에 사탄의 빛으로 간주해야한다고 그에게 말했답니다."

> '나(그레고리오스)는 그것이 심각한 오류이고, 사탄의 조롱이고, 심지어 아주 악의적인 속임수임을 그(아킨디노스)에게 증명해 보였다.'

경험이 풍부한 이 금욕가는 계속 주제에 대해 설명해 나갔다.

"교부들은 기도 중에 경험한 모든 것을 그 자리에서 곧바로 받아들여서는 안 된다고 가르칩니다. '오랫동안 시험해 본 후에, 좋은 것을 붙잡으십시오.' 그러므로 이 모든 것들에 대해 영적 아버지에게 물어보아야합니다. 오직 오랜 햇수의 영적 싸움 이후에나, 또 얻어 누리는 은총에 비례해서만 우리는 진리와 오류를 식별할 능력을 획득합니다. 포도 식초와 포도주의 겉모습은 같습니다. 하지만 맛은 확연히 다릅니다. 마찬가지로 기도의 경주자는 오랜 햇수의 수도 생활을 거쳐야 차이를 식별할 능력을 얻게 되는 것입니다."

영적 아버지는 쉬지 않고 말씀하셨다. 그의 머리는 땅을 향해 숙여져 있었다. 나는 교회의 바른 가르침과 교부들에게서 흘러나오는 그의 사상과 설명을 끊고 싶지 않았다. 그분이 내게 말하고 있는 동안, 고요와 청명함이 내게 몰려왔고, 그것은 그분의 가르침이 완벽하게 정교의 정통 신앙임을 드러내주는 표지로 생각되었다.

"내가 지금까지 말씀드린 이 모든 요소는 신신학자 성 시메온의 한 대화에 아주 분명하게 나타나 있습니다. 이 대화에서 하느님은 빛으로 나타나십니다. 그 빛은 온화함을 만들어냅니다. 제자가 '하느님을 본' 영적 아버지에게 질문하자 영적 아버지는 자신이 본 것이 하느님이었음을 확신시켜 줍니다. 나는 이 '빛 비추임을 받은' 거룩한 교부의 글을 당신에게 읽어드리겠습니다."

영적 아버지는 책을 들고 읽기 시작했다.

> 하느님은 빛이십니다. 빛이신 그분을 봅니다. … 하느님께서 자신을 드러내실 때, 하느님을 보는 사람은 빛을 봅니다. 그 빛을 보고 우리는 놀라고 황홀해집니다. 우리는 누가 나타난 것인지 금방 알지는 못합니다. 우리는 그분께 말을 걸 엄두도 내지 못합니다. 얼마나 크신 분인지 알고 싶어도 감히 눈을 들어 볼 수도 없는 그분이니, 우리가 어떻게 하겠습니까? 우리는 오직 두려움과 떨림으로 그분을 볼 따름입니다. 마치 누군가 내 앞에 나타났구나 하는 것만 알고 그 발아래 엎드린 것처럼 말입니다. 만약 이미 하느님을 보았던 누군가가 이 모든 것에 대해 말한다면 우리는 그에게 이렇게 말할 것입니다.

- 나는 보았습니다.

- 내 아들아, 무엇을 보았느냐?

- 아버지, 빛을 보았습니다. 아주 온화한 빛이요. 그것을 말하자니 저의 지성으로는 턱도 없습니다.

이 말을 할 때 그 빛에 대한 열망으로 불타올라 그 마음은 기뻐 뛰고 춤을 춥니다. 그래서 그는 뜨거운 눈물을 흘리며 다시 이야기합니다.

- 이 빛이 나에게 나타났습니다. 내 방의 공간은 사라지고, 세상마저 그 면전에서 어디론지 줄행랑을 쳤습니다. 나는 그 유일한 빛과 함께 홀로 있었습니다. 나는 내 몸이 그 때 함께 있었는지 알지 못합니다. 내가 그 몸에서 빠져 나왔는지도 나는 모릅니다. 게다가 나는 내가 몸을 입고 있다는 사실조차 잊었습니다. 그때 가졌던 기쁨 지금도 나와 동행하는 그 기쁨은 형언할 수 없이 큰 것이어서 나는 그저 눈물을 강물처럼 흘립니다. 아버지께서 보시는 것처럼 말입니다.

그러자 영적 아버지가 말씀하십니다.

- 내 아들아. 바로 그분이시다.

이 말에 우리는 다시 그분을 보았습니다. 우리는 조금씩 정화되었고, 정화되어 그 분께 담대하게 물었습니다.

- 나의 하느님, 당신이십니까?

그러자 그분께서 대답하십니다.

- 그렇다. 나다. 너를 위해 사람이 된 네 하느님이다. 보아라. 내가 이룩한 것을. 너도 보듯이 내가 너를 신이 되게 했다. …

> 그러므로 당신이 눈물과 통회와 부복(俯伏)함과 겸손에 바친다면,
> 그것은 조금씩 당신을 하느님 앞으로 인도할 것입니다.

이 때 수련 수도승이 나타났다. 나는 그토록 지혜롭고 경험이 풍부한 영적 안내자를 만난 수련승이 부러웠다. 그는 영적 아버지에게 물었다.

"아버지, 관목에 물을 주라 하셔서 그렇게 했습니다. 이제 다른 관목에도 물을 주어도 되겠습니까?"

영적 아버지는 수련승을 마치 꿈이라도 꾸는 듯 바라보다 대답했다.

"그래. 다른 관목도 물을 주렴."

그리고 돌아서서 나를 보고 이렇게 말했다.

"조금 전에 내가 말씀드린 순종이 바로 이것입니다. 순종을 실천하고 모든 것을 영적 안내자에게 고백하는 사람은 영적으로 진보합니다. 순종을 통해 우리는 많은 것을 얻습니다.

첫째, 순종은 어떤 추측이나 상상으로 해결책을 추구하도록 허용하지 않습니다. 방금 수련승이 한 행위를 보십시오. … 이렇듯 순종은 복잡한 것이든 단순한 것이든 모든 생각으로부터 지성을 정화하여, 오직 기도에만 전념할 수 있도록 해줍니다.

둘째, 수련승은 순종을 통해 물어보는 것을 배웁니다. 자신의 영적 아버지에게 물어보는 것 자체가 구원의 한 요소입니다. 순종이 있는 곳에, 순종의 토대인 겸손이 있습니다. 교만의 영인 사탄은 공포스러운 장면을 보여주거나 상황을 왜곡하려 하지만

절대 수도승의 삶 속에 침입할 수 없습니다.

일반적으로 순종은 거룩한 기도 수행의 도상에서 매우 필요한 요소입니다. 우리는 안내자 없이 진보할 수 없습니다. 안내자는 우리에게 길을 보여주고, 영적 삶의 계획을 조정해줍니다. 우리에게 일을 멈추라고 지시하는 이도 영적 안내자이고, 우리가 제대로 진보하고 있는지 하느님을 봄에 있어서 바르게 나아가고 있는지를 알려주는 이도 영적 안내자입니다. 그는 그 자신의 인격으로 '그리스도의 형상'입니다. 수도원의 장상(長上)은 그가 맡고 있는 수도승들의 영적 아버지로서 교구로 치자면 주교의 자리를 차지합니다."

"금욕의 학문은 정말 영적 아버지의 존재에 그토록 커다란 중요성을 두나요?"

"그럼요. 영적 아버지가 없다면, 우리는 진보할 수도 없고 순전한 전통의 삶을 살 수도 없습니다. 육신의 삶도 세대에서 세대에로 전해지듯이, 영적인 삶도 그렇게 전해집니다. 전통의 담지자인 영적 아버지는 그 전통을 자기의 영적 아들에게 전해주고 그리스도와 같은 아들을 낳습니다. 그는 전통을 이어받고 싶어 하는 이에게 그것을 전해줍니다. 바로 여기에 순종이 가지는 구원론적인 의미가 있습니다. 나는 나 자신을 무(無)로 만들어 버리기 위해서가 아니라 내 안에 있는 악을 죽이기 위해, 나 자신의 의지로부터 나를 해방시키기 위해, 전통을 이어받기 위해 순종합니다. 내 안에 그리스도를 빚어내기 위해 순종한다는 말입니

다. 나는 태어나기 위해 순종합니다. 순종은 또한 오류의 위험을 몰아내기 때문에 더더욱 중요합니다. 그래서 아빠스 도로테오스는 이렇게 기록하고 있습니다.

> 하느님의 길에서 안내자를 갖지 못한 사람보다 더 불쌍하고 불안한 사람은 없습니다.

아빠스 도로테오스는 잠언의 한 구절을 주석하면서 이렇게 말합니다.

> 안내자를 갖지 못한 사람은 떨어진 잎사귀와 같습니다. 잎사귀는 처음에는 푸르름과 튼튼함과 아름다움을 유지하지만 나중에는 조금씩 마르고 결국에는 땅에 뒹굴며 사람들의 발에 밟힙니다. 안내자를 갖지 못한 사람도 이와 같습니다. 처음에 그는 금식도, 철야도, 독거도, 순종도, 그 밖의 선한 일도 아주 열심을 갖고 임합니다. 그러다 이 열심이 점차 식어집니다. 하지만 식어가는 열심을 다시 불어넣어 주고 다시 불붙게 해줄 안내자가 없기 때문에 그는 자기도 모르는 사이 말라버리고 맙니다. 그래서 끝내 쓰러지고 결국에는 그를 마음대로 부려먹을 적의 손아귀에 떨어지고 맙니다.

오류를 피함에 있어서 아버지를 갖는 것이 얼마나 중요한가를 잘 이해할 수 있게 해주는 한 가지 예를 말씀드려 볼까요. 내가 알고 있는 한 수도승이 기도 시간에 가슴에 엄청난 고통을 느끼게 되었습니다. 그래서 그는 즉각 영적 아버지에게 이를 고했지요. 영적 아버지는 걱정했지만 풍부한 경험을 바탕으로 가슴의 어떤 부분이 고통을 느끼는가하고 그에게 물었습니다. 수도승이 가슴 아래 바깥쪽이라고 대답하니, 영적 아버지는 그에게 이렇게 지시했답니다.

> 기도를 멈추어라. 일주간 기도를 드리지 말거라. 원래는 가슴의 위 안쪽이 아파야 하느니라. 왜냐하면 아래쪽에서 일하는 것은 정념들이기 때문이다. 악마가 뭔가 일을 꾸미고 있구나.

이렇게 해서 그 수도승은 이미 일을 착수한 악마의 계교로부터 해방되었답니다. 교부들은 그들 자신의 경험에 따라 가르칩니다. 만약 자기 의지로 하늘에 오르려는 젊은이를 보거든 그를 잡아 끌어내리십시오. 그렇지 않으면 그에게 좋을 것이 없기 때문입니다.

나는 이 제자가 그런 겸손과 또한 그렇게 거룩한 안내자를 가져서 너무 행복할 것이라고 생각했습니다. 나는 스투디오스의 성 테오도로스가 전하는 경구 하나를 소개할까 합니다."

> 제자에게
> 뜨거운 투사여, 이리 오라, 내 곁에 머물라,
> 순종으로 네 어깨를 숙이고,
> 오로지 겸손, 네 의지는 죽여 버려라.
> 네 마음의 모든 욕망을 밝히 드러내어라,
> 마치 경기장 한 가운데 서있듯이.
> 사막도 언덕도 너를 낙담시키지 못하고,
> 군대도 하느님을 향해 길을 가는 너를 위협하지 못하리니.

>너는 성경이 말하는 모든 이의 첫째,
>
>너는 순교자들의 선두에 서서 그 길을 따르는 자.

"복된 수도승들이여, 영적 삶의 투사들이여," 나는 감탄해서 이렇게 말했다. "하느님의 봄이슬을 즐기는 노래하는 새들이여, 행복하여라! 우리는 이 경지를 살아낼 수 없습니다. 우리는 우리의 불결함에서 피어오르는 연기를 마시고, 지상의 먼지를 먹습니다. 말하자면 우리는 우리 자신을 먹어버립니다."

"하지만 신부님도 하느님의 영광의 빛과 하느님의 빛 비추임을 누릴 수 있습니다. 만약 신부님이 참된 신학자가 되길 원한다면, 기도의 법을 배워야합니다. 그래야 성령께서 일하시기 때문입니다. '만약 당신이 신학자라면 당신은 참으로 기도하고, 만약 당신이 기도한다면 당신은 참된 신학자이다.'라는 말도 있듯이 말입니다. 이해를 돕기 위해 이렇게 말씀드려 보지요. 어떤 이는 죄(특별히 육신의 죄)를 범한 후에도 신학 연구 논문을 쓰거나 교부들의 저작들을 분석하고 연구하는 일에 종사할 수 있습니다. 하지만 죄가 그로 하여금 은총을 잃어버리게 하여 그는 더 이상 기도할 수 없습니다. 다시 말해 기도는 멈추지만 일은 계속할 수 있다는 것이지요. 이렇듯 참된 신학자는 기도 안에서 살아가는 사람입니다. 그러므로 신부님도 빛 비추임의 감격스런 충격을 느낄 수 있습니다."

기도는 세상의 성직자와 신자들에게 절대 필요한 것

"정념으로부터 자신을 정화시키는 것이 꼭 필요하다는 사실을 잘 인식해야 합니다. 다른 이들을 돌보는 일에만 신경 쓰지 마십시오. 우리 모두가 정념으로 가득 차 있다는 것을 깊이 믿어야 합니다. 모든 정념이 지옥입니다. 그러므로 이미 말했듯이 기도는 영혼을 치료하고 정화하는 약임을 알아야 합니다. 기도가 전부라는 것이 아닙니다. 기도는 사람을 하느님께 들어올리고 하느님과 연합하게 한다는 점에서 우리를 정화하고 우리에게 빛을 비추어줍니다. 실제로 정화하고 빛을 비추어주는 분은 하느님 한분이시니까요. 하느님은 영혼과 육신의 의사입니다. 그분은 '이 세상에 와서 모든 사람을 비추신'(요한 1:9) 참 빛이시기 때문입니다. 우리는 이미 존재했던 시각을 정화시켜준다는 의미에서, 또한 여러 사물을 볼 수 있게 해준다는 의미에서 안약에 대해 말하기를 안약이 빛을 주었다고 합니다. 그러므로 당신 자신의 정화와 변화를 열망하십시오. 기도를 통해 하느님으로부터 오는 빛 비추임을 추구하십시오."

"세상에서 일하는 우리가 수도승들과 마찬가지로 기도의 거룩한 사역을 할 수 있다고 정녕 생각하십니까?"

"물론 수도승들과 똑같이 할 수는 없겠지요. 하지만 여러분들도 커다란 결실들을 얻을 수 있고 또 얻어야 합니다. 분명 이것은 단호하게 강조해야 합니다.

영적 기도와 여러분들이 기도문으로 기도드리는 것은 다릅니다. 다시 말해 헤지카스트들이 실천한 영적 기도는 '얽매임 없는 삶', 번잡함이 없는 삶을 전제합니다. 그것은 고요함과 그 밖에 우리가 말한 것들을 요구합니다. 만약 신부님이 세상에서 영적 기도를 드릴 수 없다면, 분명 그것은 어려운 일입니다만, 정해진 시간에 예수기도로 기도하거나 아니면 틈이 날 때마다 예수기도를 드릴 수 있습니다. 예수기도는 아주 좋은 결과를 낳게 해줄 것입니다."

"몇 가지 실천적이고 유익한 조언을 부탁드려도 될까요?"
"신부님께서 집전하시는 전례 의식에 더하여 특별히 몇 시간을 예수기도, '예수 이름 염송'에 할애하십시오. 천천히 시작하십시오. 신부님이 느끼는 갈망과 은총을 잘 파악하여 거기에 맞게 전진해 가십시오. 아침 해 뜨기 직전 한 30분, 저녁 석후과 후 잠자기 전 30분을 정해 시작해 보십시오. 만약 이렇게 한 시간을 정했다면 어떤 일이 있더라도 아무리 합당한 이유가 있다 해도 그것을 어기지 않도록 해야 합니다. 예를 들면 이 시간에 누군가 고해성사를 하러 올 수도 있습니다. 그가 많이 아프거나 그와 비슷한 상황에 처해 있는 것이 아니라면 이를 이유로 기도 시간을 옮겨서는 안 됩니다. 다른 일도 마찬가지입니다. 소음이 없는 고요하고 차분한 공간을 갖는 것도 꼭 필요한 일입니다. 그곳에서 우리가 지금까지 이야기해 왔던 방식대로 기도 수행을 시작합니다. 먼저 마음을 따뜻하게 하고, 우리 안에 통회를 불러일으키는 교부 저작 독서로 시작합니다. 그런 다음 먼저 입술로 예수기도를 드립니다. 그 다음에는 지성으로 혹은 마음으로 우리가 도달한 단계에 맞게 기도드립니다. 세월이 흐르면서 우리는 기도 시간을 늘려갈 수 있습니다. 마음은 온화해질 것이고, 우리는 기도에 대한 아쉬움을 갖게 될 것입니다. 하지만 반복컨대, 처음에는 짧은 시간이라 할지라도 강제를 동원해야 합니다. 그러면 좋은 결과를 얻게 될 것입니다."

"이렇게 짧은 시간으로 충분할까요?"

"충분하지 않습니다. 하지만 바른 자세와 겸손만 있다면 하느님께서 부족한 기도를 채워주십니다. 하느님은 타락에도 불구하고 인간의 친구임을 보여주십니다. 그러니 우리가 우리 자신을 변화시키기 위해 드리는 작은 노력에 크신 자비를 베푼다 하여 놀랄 것은 없습니다. 하느님은 우리의 부족함을 채워주십니다. 하느님은 우리 각자가 처해 있는 조건을 다 살피십니다. 그러므로 신부님께서 기도에 할애한 그 짧은 시간이 수도승들이 몇 시간 기도하는 것보다 더 큰 복을 받을 수도 있습니다. 왜냐하면 신부님은 그 밖에도 할 일이 많으니까요."

나는 거룩한 산의 이 수도승의, 이 육화한 천사의 식별에 감탄해 마지않았다. 그는 놀라운 능력으로 모든 문제들을 거침없이 해결해 나갔고 모든 것을 본래의 자리에 갖다 놓았다.

"하지만 이미 말씀드렸듯이 기도 시간에 악마가 수없이 유혹할 것이라는 점을 알아야 합니다. 기도를 멈추게 할 수많은 사건

이 닥쳐올 것입니다. 하지만 이 모든 일 속에서 진정으로 기도에 향심(向心) 되어 있는지를 시험하시는 분은 하느님이시라는 것을 또한 아셔야 합니다. 신부님께서 전력을 다해 노력하실 때마다 하느님께서 오셔서 도움을 주실 것이고 어려움을 물리쳐 주실 것입니다."

"하지만 만약 기도 시간에 다른 일, 예를 들어 강론을 준비해야 한다거나 내 형제들을 위한 사랑의 행위를 해야 한다거나 하는 생각이 나면, 이 생각을 그대로 내버려 두어야 하는지요?"

"그렇습니다. 그렇게 하지 않으면 안 됩니다. 기도 시간 - 기도에 할애된 고정된 시간을 말합니다 - 에 떠오르는 것은 설사 그것이 좋은 생각이라 해도 다 사탄에게서 온 것이거나 또는 기도를 멈추게 하기 위해서 사탄이 이용할 수 있는 생각이기 때문입니다. 우리가 사탄에게 한번 틈을 보여주면, 또 그런 관심사 때문에 기도 수행을 방치할 태세가 되어 있다면, 사탄은 아마도 그런 생각을 한없이 만들어 낼 것이고, 또 옮겨진 기도 시간에도 동일한 일이 벌어질 것입니다. 그렇게 되면 우리는 기도는 고사하고, 우리 자신을 정화하지도 못하고, 또 우리 형제들에게도 결코 유익을 끼치지 못할 것입니다. 왜 그럴까요? 예를 들어 기도를 소홀히 한 채 준비한 강론은 열매가 없습니다. 그것은 형제들에게 아무런 도움을 주지 못하기 때문입니다."

"가끔 우리는 힘이 다 빠져서, 탈진되고 소진되어서 방에 돌아올 때가 있습니다. 그럴 때는 고정적으로 해오던 기도를 할 수 없는 지경이 되지요. 그런 경우에는 어떻게 해야 합니까?"

"그럴 때조차도 기도 수행을 포기해서는 안 됩니다. 형제들을 섬기는 것이 절대로 기도를 포기하게 하는 이유가 되어서는 안 된다고 성 시메온은 충고합니다. 왜냐하면 우리는 기도를 해야만 많은 것을 얻을 수 있기 때문입니다. 기도를 피하게 하는 핑계를 절대로 이용하지 마십시오. 시메옹 성인이 하신 말씀은 정확히 이렇습니다.

> 힘과 능력이 닿는 대로 섬김의 일을 하십시오. 방에서는 통회로 온 관심을 집중하여 눈물 흘리며 여러 기도문으로 기도하십시오. '오늘은 너무 피곤해서 아무것도 할 수 없어.'라는 생각, '피곤하니 기도를 좀 생략하여 짧게 해야겠군.' 하는 생각은 절대로 머리 속에 넣어 두지 마십시오. 강조하건데 만약 누군가가 자신의 섬김의 일로 인해 완전히 녹초가 되었다고 해도, 기도 시간을 잃어버리는 것이야말로 가장 큰 손해라는 사실을 알아야 합니다. 이것이 [영적 생활의] 이치입니다.

삼십분 기도하는 것은 세 시간 잠자며 휴식하는 것과 맞먹습니다. 기도는 사람을 쉬게 하고 고요하게 합니다. 이런 관점에서 볼 때, 기도는 우리의 몸에도 기운을 북돋워주는 치료약입니다. 당신의 모든 수고를 기도의 금 도포로 감싸주십시오! 우리가 혼란과 동요로 흔들린다면, 또 형제들이 영적인 일에서 뭔가 불편함과 불안함을 느낀다면, 그것은 분명 마음은 제쳐두고 머리로만 너무 일하기 때문입니다. 흔히 사람들은 무슨 말을 해야 하나

하고 머리로 궁리하다 지쳐버립니다. 하지만 만약 우리가 은총 안에서 살고 있다면, 생각들이 저절로 떠오를 것이고 문자 그대로 도도한 강물처럼 흘러나올 것입니다. 형제들이 서로 다투고 평화롭게 지내지 못하는 것, 우리가 불의한 공격으로 인해 상심해 있는 것, 그리스도께서 명령하셨듯이 그 불의한 공격으로 인해 오히려 기뻐해야 하는데 그럴 수 없는 것은 우리가 기도와 올바른 관계를 맺지 못하고 있다는 사실에 그 원인이 있습니다. 거룩한 산의 성 니코데모는 수세기 전으로 거슬러 올라가는 한 전통을 따라 주교가 수도승들 가운데서 선택되기를 원했습니다. 만약 주교가 수도원 정신을 소유하고 있다면, 박해, 모함, 고발, 사람들의 분노도 그를 흔들 수 없기 때문입니다. 왜냐하면 그는 가장 먼저 자신의 죄를 고발하고 그 죄를 쫓아낼 것이기 때문입니다. 그렇게 해서 그는 우리가 말한 모든 열매를 얻을 수 있었고, 특별히 넘치는 은총과 결부되어 있는 사랑, 그리고 교부들이 말하듯 무오류의 은총을 얻을 수 있었습니다."

"아버지, 수도원 정신이라 하셨는데, 무엇을 뜻하는지요?"

"그것은 순종, 겸손, 자기 멸시, 기도를 향한 끝없는 갈망입니다. 영적 아버지에 대한 순종. 모든 이들을 향한 겸손, 특별히 정념을 정화하기 위한 싸움에 꼭 필요한 덕으로서의 겸손. 너무 많은 활동을 하지 말 것. 불행하게도 우리는 이 마지막 요소와 관련하여 수많은 이단의 영향을 받고 있습니다. 가장 위대한 활동은 겸손과 거룩성을 얻는 것입니다. 그럴 때 우리는 정말 부유해집니다. 교회는 결코 공동체의 사무부처가 아닙니다. 교회는 '하느님 은총의 창구'입니다. 사제는 공동체의 기능인이나 사무직원이 아니라 하느님의 백성을 먹이는 목자입니다. 겸손과 거룩성을 갖추어야 할 수 있는 일이지요. 겸손과 거룩성이 없다면, 아무리 훌륭한 공동체 사업도 금방 흔적도 없이 무너지지만, 거룩성과 겸손이 함께 한다면 아무리 작은 일이라도 놀라운 차원의 열매를 맺습니다.

겸손과 깊이 관계된 것이 자기 멸시입니다. 자기 고발이지요. 가장 먼저 자기 자신을 고발하는 사람이 되어야 합니다. 존경은 우리 자신이 아니라 성직에 돌려야 합니다. 성직을 귀히 여겨야 한다는 말씀입니다. 반대로 죄의 고발은 성직을 향해서가 아니라 우리 자신의 죄에 대한 것이어야 합니다. 그러면 우리는 하느님으로부터 오는 평화와 넘치는 은총을 누리게 될 것이고, 형제들을 미워하게 하는 온갖 핑계거리를 쫓아낼 것입니다.

기도를 향한 끝없는 갈망도 마찬가지입니다. 기도는 적절한 여건이 주어지면 하는 것이라 여기지 말고 우리의 삶 전체라고 생각해야 합니다. 기도 속에서 죽어야 합니다. 신학과 강론조차도 이 거룩한 환경에서 나와야 합니다. 규칙을 정하고 그것을 매일 매일 지켜야 합니다. 그런 사람 하나가 생겨날 때, 세상은 상상할 수 없는 유익을 얻습니다. 사제나 주교가 될 때 가져야할 오직 한 가지 관심이 있다면 그것은 수도승으로서의 정신을 잃지 않는 것입니다. 『교부 금언집』에 이런 이야기가 있습니다.

> 아빠스 실바노스의 제자였던 아빠스 네트라스에 대해 사람들은 이렇게 전한다. 시나이 산의 암자에서 살 때 그는 육신의 필요와

관련하여 알맞게 생활했다. 하지만 바란(Paran)의 주교가 되자 그는 아주 엄격한 규율을 적용했다. 그래서 그의 제자가 그에게 말했다. "아버지, 우리가 사막에 있을 때는 그렇게 엄격한 금욕을 하지 않았습니다." 그러자 아빠스는 대답했다. "내 아들아, 그 곳은 고독하고, 평화롭고, 가난하다. 그래서 나는 내 몸을 크게 해치지 않는 범위에서 내 육체를 다스리고자 했다. 내 몸을 치료하는데 필요한 것을 마련하기 위해 공연히 신경 쓰지 않아도 되게 말이다. 하지만 이제 여기는 필요한 것은 뭐든 다 갖춘 세상이다. 만약 내가 병에 걸린다면, 많은 사람이 나를 구하러 올 것이다. 그러니 내가 이렇게 하는 것은 수도 정신을 잃지 않기 위해서이다."

수도원 정신을 가진 사람은 무엇을 하든지 축복을 받아야 한다는 것을 잘 알고 있습니다. 또 일을 하는 동안과 일을 마친 후에 주교나 영적 아버지에게 보고하여 평가를 받거나 개선하는 것도 잊지 않습니다. 그는 자기가 한 일에 대해 칭찬을 받으려고 하지 않습니다. '마땅치 않게 존경을 받거나 칭찬받는 사람은 많은 것을 잃기' 때문입니다. 신부님, 어디에 있든지, 길을 가든지, 운전을 하든지, '주 예수 그리스도시여, 나를 불쌍히 여기소서.' 하고 예수기도를 드리거나, 혹은 '지극히 거룩하신 성모여, 나를 불쌍히 여기소서.' 하고 기도하십시오.

더욱 자주 정성으로 준비하여 거룩한 성만찬 예배를 집전하시고 흠없는 주님의 신비체에 참여하십시오. 창조세계 안에서는 만물이 주님을 노래하고 찬양합니다. 예배를 집전하지 않는 사제는 마치 이 놀랍고 아름다운 성가에 끼어든 틀린 음표와 같습니다! 가끔씩이라도 『매일 의식서』에 나오는 우리 주님 예수 그리스도께 드리는 기도들을 노래하십시오. 또 거룩한 산의 성 니코데모가 지은 책 『보이지 않는 싸움』의 마지막에 나오는 '기뻐하소서.'라는 찬양을 우리 주님 예수 그리스도께 드리십시오. 이 책은 성 니코데모가 우리로 하여금, 우리의 구원과 온유, 평화와 모든 선의 원천인 우리 주 예수 그리스도의 이름을 입뿐만 아니라 마음과 지성으로 묵상하도록 이끌기 위해 지은 유익한 책입니다.

신부님은 또한 다른 이들을 위해 기도해야할 의무가 있습니다. 하느님께서 자기 백성을 신부님께 위탁하였으니 조용히 물러나 이 백성의 평화와 빛 비추임을 위해 기도해야 할 의무가 있는 것이지요. 위대한 모세가 그러했듯이 말입니다."

다른 이들을 위한 기도

"아버지, 우리는 아직 다른 이들을 위한 기도에 대해서는 언급하지 않았습니다. 이 기도는 어떻게 드려야 하는지요?"

"세상에는 수많은 사탄의 음모와 오류와 하느님에 대한 무지(교부들에 의하면 이것이야말로 가장 큰 죄악이지요.)가 존재합니다. 바로 이것이 신부님께서 눈물 흘리며 기도해야할 이유입니다. 성 요한 클리막스는 수도원 장상들을 위해 『목자들을 위한 강론』 썼습니다만, 그것은 주교와 한 영혼의 주교라 할 수 있는 영적 아버지에게도 해당되는 것이라 할 수 있습니다. 그는 이렇게 말하고 있

습니다.

> 목동은 양떼들이 휴식하고 있을 때 목초지 둘레에 개를 풀어놓아 양떼를 지키게 하듯이, 사제도 마찬가지입니다. 그리스도인들이 잠들어 있을 때에도 사제는 지성이 자유롭게 깨어있어 그 백성을 위해 하느님께 간구하며 밤을 지새워야 합니다.

지금 이 시간에도 정신 나간 사람들이 얼마나 많습니까! 자살의 충동에 시달리는 사람은 또 얼마나 많습니까! 잔인무도한 범죄라도 서슴치 않고 행할 준비가 되어 있는 사람은 또 얼마나 많습니까! 좌절하고 모든 것을 박탈당한 사람은 또 얼마나 많습니까! 이 모든 이들을 위해 기도하십시오. '우리 주 예수 그리스도시여, 당신의 종들을 불쌍히 여기소서.…' 하고 기도하십시오. 혹은 특정한 사람을 위해 기도해야 한다면, '당신의 종 아무개' 하며 기도하십시오."

"이런 질문을 드리지 않을 수 없군요. 아버지께서는 기도가 형상을 떠올리지 않고 드려져야 한다고 말씀하셨습니다. 하지만 지금은 수많은 문제에 시달리고 있는 이들을 위해서 기도해야한다고 말씀하십니다. 하지만 이런 기도는 어떤 상상이나 형상을 떠올리게 하지 않을까요? 또 지성을 우리 안에, 우리의 마음 안에 집중시켜야 하는데, 이런 기도가 그와는 반대로 지성을 달아나버리게 하지는 않을까요?"

"이 질문을 하신 것은 참으로 잘하신 일입니다. 설명이 좀 필요하겠군요. 다른 이들을 위해 기도할 때는 밖으로 기도해야 합

니다. 기도가 필요한 이들을 위한 기도에 일정 시간을 할애하고 자 한다면, 먼저 '주 예수 그리스도시여, 당신의 종들을(혹은 당신의 종을) 불쌍히 여기소서'하고 말합니다. 그런 다음 그들의 이름을 언급합니다. 하지만 그 다음에는 '주 예수 그리스도시여, 당신의 종들을(혹은 당신의 종을) 불쌍히 여기소서.'라고만 말하고 그들의 이름은 말하지 않습니다. 우리의 지성이 그들을 향하지 않고 또 생각하지 않도록 말입니다. 하느님께서는 우리가 누구를 위해 기도하는지 다 아십니다. 더구나 우리는 그들을 괴롭히고 있는 문제를 생각하지 않습니다. 단지 '당신의 종'이라고만 말합니다. 그러면 하느님께서 은총을 보내실 것입니다. 그가 은총 받을 때라면 하느님께서는 상황에 맞게 행하실 것입니다. 신부님, 하느님의 은총은 마치 물과 같습니다. 물이 들판에 뿌려지면, 그것은 곧 물이 필요한 나무의 뿌리들에 의해 흡수됩니다. 이것이 바로 우리가 성만찬 예배에서 따르는 원리 아닌가요? 우리는 거의 모든 문제를 포괄하는 연도를 드립니다. 신자들은 '끼리에 엘레이손'(주여, 불쌍히 여기소서.) 하고 응답합니다. 그것이 정말로 필요한 사람들이 있다면, 하느님의 은총은 반드시 임할 것입니다. 하지만 다른 이들을 위한 기도는 또 다른 이유에서도 아주 중차대한 사목적 의무입니다.

누군가를 위해 기도할 때, 우리는 거의 즉각적으로 그에게 정말 필요한 것이 무엇인지, 어떻게 해야 우리가 그의 구원을 위해 효과적으로 행동할 수 있는지를 하느님으로부터 알게 됩니다. 어느 날, 누군가 내 방에 와서는 겉으로는 반듯한 그리스도인처

럼 보이는 한 젊은이에 대한 찬사를 나에게 늘어놓았습니다. 그렇게 칭찬이 자자한 사람의 생각이라는 것이 보통은 올바른 것이 아닐 때가 많기에 나는 곧 소성당으로 가서 하느님께 간구했습니다. 그가 어떤 사람인지 알려달라고 말입니다. 잘 믿지 못하시는 눈치군요. … 그러자 곧 소성당이 악취로 가득해 졌습니다. 그래서 다시 그에게 가서 말했습니다. '그는 바른 그리스도인이 아닙니다. 그는 그리스도의 은총을 입지 못했습니다. 그는 생명을 주시는 하느님의 은총을 빼앗겨 버렸습니다. 그래서 그가 죽은 것이지요. 그 이름은 살아있지만 그는 죽은 것이나 다름없습니다.' 영혼이 떠나면, 육체는 죽고 악취를 냅니다. 마찬가지로, 하느님의 은총이 사람을 떠나면, 영혼은 죽고 영적으로 고약한 냄새를 풍깁니다."

나는 놀라움을 금치 못했다. 영적 아버지께서 지금까지 알려준 이 놀라운 계시는 조금도 교만해 보이지 않았다. 성인들은 이 범주를 뛰어넘는 분들이다. 그들은 교만하지도 억지 겸양하지도 않는다. 그들은 자신들을 앞세우기 위해서가 아니라, 오로지 섬기기 위해 말한다. 모든 것이 하느님의 영광을 위해서이다. 하느님의 법이 그들의 법이다. 그들의 모든 행동에는 이 하느님의 법이 새겨져 있다.

영적 아버지는 말씀을 이어갔다.
"일반적으로, 예수기도는 신부님의 사역에 불가피합니다. 기도를 통해서, 신부님은 마음속의 악의 동정(動靜)을 살펴 알 수 있습니다. 마음은 자기 안에 있는 사탄을 알아보는데 아주 민감하고 놀랍도록 민첩합니다. 동시에 마음은 사탄을 쫓아낼 때 기도에서 많은 힘을 얻습니다. 이렇게 해서 마음은 성령을 담아낼 그릇이 됩니다. 정확히 말해서, 사탄과의 싸움을 통해 얻게 되는 경험으로, 또 하느님 은총의 지식을 통해 신부님은 손쉽게 다른 이들의 영혼을, 또 고해성사를 위해 찾아오는 이들의 내적 세계를 관통할 수 있게 될 것입니다. 그 유익은 엄청납니다. 고해성사를 마치고 나가는 사람은 전혀 다르게 변화된 사람일 것입니다. 아는 것이든 모르는 것이든 모든 정념으로부터 해방된 사람일 것입니다."

"이제 나는 신부님께 세 가지 부탁을 드리고 싶습니다." 영적 아버지가 말씀하셨다. "들어주시리라 확신합니다."

영적 아버지의 부탁

첫 번째 부탁

"수도승은 기도의 경주자입니다. 그들은 그리스도의 은총으로 악마의 제국에 들어가 이를 전복합니다. 그들은 악마의 모든 계교를 좌절시키고 궁지에 몰아넣습니다. 그렇습니다. 그들은 끊임없는 기도를 통하여 악마를 꼼짝달싹 못하게 만듭니다. 악마는 예수님과 성모님을 향한 부르짖음이 메아리치는 이 거룩한 산에서 단 일 분도 보낼 수가 없습니다. 수도승들이 악마를 포박하기 때문에, 악마는 신음합니다. 악마의 주된 목표 중 하나는 '헤지키아', 즉 고요라는 거룩한 열망을 우리가 가질 수 없도록 재갈을 물리는 것입니다. 그러므로 부탁드립니다. 기도할 때 수도승들과 수도승이 되고자 하는 사람들을 위해 기도하는 것을 절대 잊지 말아 주시기 바랍니다. 그들을 위해 '우리 주 예수 그리스도시여, 당신의 종들을 불쌍히 여기소서.', '지극히 거룩하신 성모여, 당신의 종들을 구원하소서.'하고 기도해 주십시오.

수도승이 되고자 준비하는 이들에게 악마는 지금까지 그들을 무심하게 대했던 사람들에 대한 애정을 불러일으킵니다. 부모, 친구, 심지어 영성가들이 미사여구를 써가며 사랑과 관심을 보여줍니다. 오늘날 사람들은 기도하지 않습니다. 더 나아가 기도하고자 하는 사람들마저도 기도하도록 내버려두지 않습니다. 모든 사람들이 기도하지 않고 공동체 안에서 서로 대치합니다. 오늘날 세상은 길을 잃고 고통스러워 합니다. 기도하는 사람이 없기 때문이지요. 많은 이들이 수도승들이 하는 일을, 그 중에서도 가장 중요한 일인 기도를 아무런 가치도 쓸모도 없는 것이라고 생각합니다. 기도가 '영적 활동이요, 피 튀기는 싸움이요, 지속적인 주의집중'임을 알지 못하기 때문이지요. 그들은 누군가가 그들 자신의 문제를 놓고 기도하고 있다는 것조차 알고 싶어 하지 않습니다. 그들은 또한 악마의 도구가 되어 수도원적 소명을 말살하려고 혈안입니다. 악마는 수도승이 되기 위해 준비하는 이들을 낙마시키려고, 그들을 육체의 유혹에 떨어뜨리려고, 그래서 그들의 날개를 불태워 버리고 그들의 영적 삶을 더욱 어렵게 만들려고 동분서주합니다. 우리가 말했듯이, 사람들이 이 세상에서 달콤함을 빠져 지낼수록, 또 다른 이들은 수도생활의 고통을 통해 자신을 정화하려 준비할 것이기 때문입니다.

두 번째 부탁

신부님의 기도 속에 나를 잊지 말고 기억해 주십시오. 하느님

께서 나를 불쌍히 여기시도록 말입니다. 나는 나의 게으름으로 인해 하느님의 은총을 잃어버리지나 않을까 두렵습니다. 나는 항구의 고요한 물결에 다다라 난파당하지 않을까 두렵습니다. 그러니 하느님께서 내게 '고통 없고 흠 없고 평화로운 그리스도인의 마지막 삶'을 주시고 '그리스도의 두려운 심판대 앞에서 좋은 변호'를 받을 수 있도록 기도해주십시오. 나를 위로해 주시고 힘을 주시도록 성모님께 기도해 주십시오. 매일 저녁, 나는 성모님께 기도드립니다. 이생에서는 나의 보호자, 나의 도움되어 주시고, 이 세상 하직할 때 내 영혼을 사로잡으려 하는 악마들을 쫓아 주시고, 심판의 날에는 영원한 영벌(永罰)에서 나를 구해주시고 낙원의 행복에 참여할 수 있게 해달라고 기도드리지요. 그러니 신부님도 나를 위해 꼭 기도해주십시오. 내가 회심할 수 있게 해달라고 기도해 주십시오. 나는 내 죄로 인해 눈물 흘리고 우리 주님의 자비를 입을 수 있는 사람이 되길 원합니다.

세 번째 부탁

나의 형제여, 신부님 자신을 위해서 예수님의 채찍을 사용하십시오. '예수 이름을 통해, 적들에게 채찍을 가하'십시오. 주님의 자비를 얻기 위해 예수기도를 드리십시오. 주님께서 '사랑하는 이들을 위해' 하늘에 어떤 영광을 준비해 놓고 계신지를 당신은 아십니다. 어떤 환희가 기쁨과 빛 가운데서 의인들을 기다리고 있는지 당신은 잘 아십니다. '그리스도의 혼인 방 밖에 머물지 않도록 합시다.' 우리 모두가 '내가 너를 알지 못한다.'라는 말씀을 듣지 않도록 합시다."

은수도승은 한숨지으며 말했다. "주 예수 그리스도시여, 죄인인 나와 당신의 종을 불쌍히 여기소서. 지극히 거룩하신 성모여, 나와 당신의 종을 구원하소서." 이어서 그는 고개를 숙이고 침묵했다.

"아버지여, 이 세 가지 부탁을 꼭 명심하고 지키겠다고 약속드립니다. 당신은 이 저녁 내 영혼의 빛입니다. 어떤 일이 있어도 첫 번째 부탁을 지킬 것이고, 두 번째도 마찬가지로 반드시 지키겠습니다. 비록 아버지께 그런 기도가 필요할지 잘 모르겠지만 말입니다. 하지만 세 번째 부탁에 대해 저는 아버지께 기도를 부탁드립니다."

나는 무릎을 꿇고 뜨거운 눈물로 호소했다.

"아버지, 저를 아버지 곁에 있게 해주시어 제가 구원받도록 도와주십시오. 다시 세상으로 돌아가고 싶지 않습니다. 오늘 저는 구원을 발견했습니다. 아버지, 저를 취하시고 가르쳐 주십시오. 내게 신화의 신비스런 사다리를 보여주십시오. 예수 이름의 그 궁전을 내게 열어주십시오. 그 궁전의 모든 처소를 내게 보여주십시오. 나는 소경입니다. 나는 외칩니다. '나를 불쌍히 여기소서!' 나는 세리입니다. 죄악은 나의 권리를 박탈했습니다. 그래서 저는 외칩니다. '나를 불쌍히 여기소서!' 나는 귀신들린 사람입니다. 나는 귀신들려 피를 흘리도록 고통을 당합니다. '나를

불쌍히 여기소서!' 나는 가나안 여인과도 같은 이방인입니다. 하지만 감히 도움을 청합니다. '나를 불쌍히 여기소서!' 나는 정념의 문둥병에 걸렸습니다. 그래서 내 영혼 온 힘을 다해 외칩니다. '나를 불쌍히 여기소서!' 나는 탕자입니다. 나는 다시 하느님 아버지께로 돌아가려 합니다. … 나는 하느님의 자녀가 아닙니다. 나는 악마의 자식입니다. 그러니 아버지여, 나를 취해 주십시오. 내가 이곳을 나서도록 내버려 두시렵니까? 나는 이곳에서 죽길 원합니다. 이 광야에서 이 불모의 땅에서 내 영혼을 향기롭게 하여 하느님을 보기 위해서 말입니다. 내 눈물이 내 양식이 되길 원합니다. 나는 하느님의 악기가 되고 싶습니다. 나도 아버지께서 만과 때마다 부르시는 성가를 부르렵니다. '지붕 위의 외로운 새와도 같이 잠 못 이루옵니다. 밥으로는 재를 먹고 마시는 것에 눈물이 섞이었으니 나는 울다가 지쳤습니다. 밤마다 침상을 눈물로 적시고 나의 잠자리는 눈물바다가 되었습니다. 내 마음은 풀처럼 시들고, 식욕조차 잃었사옵니다. 장탄식에 지쳐버려 뼈와 살이 맞닿았습니다. 남들이 무얼 하든지 이 몸은 당신의 말씀을 따라 그 험한 길을 꾸준히 걸었사옵니다. 하느님, 당신은 나의 하느님, 물기 없이 메마른 땅덩이처럼 내 마음 당신 찾아 목이 마르고 이 육신 당신 그려 지쳤사옵니다. 나의 기쁨되신 주님이시여, 나를 둘러싼 이들로부터 나를 구하소서.' 아버지, 들으셨습니까? 나는 떠나지 않고 여기 남겠습니다. 여기서 살고, 여기서 죽겠습니다. 여기서 살다 하늘로 올라가겠습니다. 나를 받아주십시오. 아버지. …"

영적 아버지는 내게 아무 말씀도 하지 않으셨다. 아니, 말씀하셨지만, 내가 알아들을 수 없었는지도 모른다. 나는 단지 그의 마지막 말씀만을 들을 수 있었다.

"내 아들이여, 세상도 많은 것이 필요합니다. 가서 일하십시오. 하느님의 뜻을 전하십시오. '네 고향집으로 가서 하느님께서 네게 해주신 모든 것을 선포하'십시오."

나는 당장 내가 해야 할 일은 아버지께 순종하는 것이라고 생각했다. 그리고 그것이 나에게는 하느님의 뜻이었다.

"하지만 내게 약속해 주십시오." 나는 또 부탁을 드렸다. "이 하느님의 나라에서 제자로 살 수 있도록 다만 몇 달만이라도 아버지 곁에 있게 해주시겠다고 약속해 주십시오."

"그러겠습니다. 그렇게 하길 원한다면 언제든 받아들여질 것입니다. 자, 이제 조금 휴식을 취하십시오. 자정이 가까웠고 곧 성만찬 예배를 드려야 하니까요. 예배를 집전하기 위해 준비하셔야지요."

"오늘 저녁 나는 잠이 오질 않습니다. 이 방은 내게 너무나 작습니다. 나는 오늘 다시 태어났고, 세례를 받았습니다. 그러니 밖의 작은 정원에서 예배 시간까지 머물도록 내게 축복해주십시오. 이럴 때는 깨어 있는 것이 차라리 휴식을 더 잘 할 수 있습니다. '별 빛 아래서 밤을 지새운' 이들은 사람이 되신 하느님을 경배하는 대천사들의 음성을 듣고 그들 자신도 하느님 같은 사람들이 됩니다."

"주님께서 강복하시고 신부님과 함께 하시길. …"

거룩한 산, 광야의 한 밤중

나는 나가서 바위 위에 걸터앉았다. 이미 밤이 깊었다. 멀리서 바다 물결 소리가 들려왔다. 영원의 온화함이 격해진 내 영혼을 어루만져 주었다. 거대한 고요. 나는 사람이 되신 하느님께서 이 광야를 꽉 채우고 계심을 분명히 느낄 수 있었다. 그런 시간을 나는 평생 두 번 경험했다. 한 번은 아주 어려서 나의 대부의 품에 안겨 신앙 고백을 할 때였다. 그때 나는 거룩한 세례조에 들어가 그리스도의 몸의 귀한 지체가 되기에 앞서 내 대부의 입을 빌어 사탄을 내쫓았다. 두 번째는 바로 이 거룩한 산의 외딴 이곳에서, 오늘 저녁 나는 참회의 두 번째 세례조에 들어가 하느님을 만나기 위해서 영적 아버지의 마르지 않는 복된 입을 통해 신앙의 진리를 배웠다. 차이가 있다면, 첫 번째 경우 나는 거의 아무것도 알아듣지 못했지만 두 번째는 하느님을 향한 나의 열망과 움직임을 똑똑히 의식할 수 있었다. 오늘 저녁, 하느님께서는 내게 그의 만나를 보내셨다. 하느님의 거룩한 은수도승을 통하여 나를 먹이셨다.

이사야 예언자는 말한다.

> 시온에 씨를 두고, 예루살렘에 아는 이가 있는 사람은 복되도다.

거룩한 산의 스타브로니키타 수도원 원장은 이 구절을 다음과 같은 깊이 있게 설명한다.

> 우리도 우리 자신에게 '복되도다.'라고 말할 수 있습니다. 왜냐하면 우리는 정교 신앙의 시온산인 이 거룩한 산에 거룩한 금욕가들을 씨로 두고 있고, 하늘에 있는 예루살렘에 수많은 지인들을 가지고 있기 때문입니다. 그들은 우리를 위해 살아있고, 우리의 현재와 미래의 생명에 빛과 희망을 던져주기 때문입니다.

나는 대화 내내 이러 저러한 율법적 훈계가 아니라 진정한 신비학적 가르침을 주었던 이 노쇠한 은수도승이 나에게 준 모든 권면을 당장 실천해 보기로 마음먹었다. 나는 머리를 숙여 무릎 사이에 두었다. 오래전 가르멜 산에서 엘리야 예언자가 그러했던 것처럼 말이다. 그리고 예수기도를 시작하기에 앞서 마음을 훈훈하게 하기 시작했다.

밤 시간은 수도승들에게 아주 역동적이고 생명이 넘치는 때이다. 왜냐하면 바로 이 때가 '끊임없는 기도를 수행하는 시간이고, 또 예수를 마음 속 깊이 묵상하고 공부하는 시간'이기도 하기 때문이다. 밤은 천사의 삶을 사는데 제격이다. 그래서 수도승들은 영적 활동과 기도를 위해 이 밤시간을 선호한다. 수도원 생활에서는 모든 것이 소멸되듯이, 수도승들에게는 밤이 없다. 수

도생활은 또한 죽음의 소멸이다. 혼인을 통해 생명이 전해지듯 또한 죽음도 전해지기 때문이다. 갓 출생한 새 생명에게는 죽음이 약속되어 있으니 말이다. 하지만 영적 삶은, 죽음이 더 이상 인류 위에 폭군으로 군림하지 못하게 한다. 영원, 참된 삶은 수도승들과 함께 시작된다. 그들은 종말론적 현실을 살고 있으며 천사들의 공동체를 이루며 살기 때문이다. 주님께서도 말씀하셨다.

> 이 세상 사람들은 장가도 들고 시집도 가지만 죽었다가 다시 살아나 저 세상에서 살 자격을 얻은 사람들은 장가드는 일도 없고 시집가는 일도 없다. (루가 20:34~35)

그들은 다른 세상에 속해 있다. 현세에서의 삶은 영원이 되고, 시간 밖에 있는 역사가 된다.

> '동정의 삶'은 지상에서 시작하여 천상에서 꽃피운다.
> (메또디오스, 『향연』)

그래서 우리는 동정의 삶이 밤마저도 소멸시킨다고 말할 수 있다. 우리가 마지막 시대, 천사들의 공동체로 살아간다면 밤은 낮이 된다. 요한 묵시록이 "그 도성에는 밤이 없으므로"(21:25)라고 했듯이, 육체를 가지고 있지만 천사처럼 살아가는 이들에게는 밤의 존재가 어울리지 않는다. 그들은 어린양이요 태양이신 그리스도에 의해 빛 비추임을 받는다.

교부들에 따르면, 밤은 '실천적인' 이들과 '관상적인' 이들 '모

두에게 유익하다'. 실천적인 이들은 수도 생활의 초기 단계에 있는 수도승들이다. 그들은 정념과 싸워서 그것을 하느님에 대한 사랑으로 변화시켜야 한다. 그들은 '짐승들을 지키는 파수꾼'처럼 짐승과 같은 그들의 타락한 영혼의 상태를 인도하려고 애쓴다. 관상적 수도승들은 이 단계를 넘은 이들이다. 그들은 이집트(정념)의 종살이에서 무정념의 광야로 탈출했다. 그들은 양떼(정화된 지성과 정화된 마음)를 관상의 산으로 이끄는 목자이다. 그러므로 교부들은 이 두 종류의 수도승들에게 밤은 너무 필수적이고 유익한 것이라고 말한다. 실천 수도승들은 낮에 저지른 죄와 '잘못된 길을 간 혼란'을 기억해 본다. 그들은 생명을 주시는 은총에 힘입어 실제의 것이든 상상의 것이든 '영혼과 육신'의 활동 중 '몇 가지'를 포착한다. 그러고 나서 '주 예수 그리스도시여, 나를 불쌍히 여기소서.'하고 부르짖기 시작한다. 그들은 자신이 고발한 생각들, 부끄러운 욕망들, 죄악의 행위들이 잠재의식의 동굴 안에 묻혀버리도록 내버려두지 않는다. 오히려 은총의 능력에 의지하여 단단한 각오를 가지고 그 동굴로 들어가 모든 거부된 것을 밖으로 끄집어낸다. 그렇게 해서 그 모든 숨겨진 것이 치유된다. 그들은 복잡한 생각뿐만 아니라 단순한 생각으로부터도 자신의 지성과 마음을 정화한다.

관상수도승들은 다른 방식으로 밤을 보낸다. 본성에 반대되는 상황으로부터 정화된 그들은 거룩한 삼위일체 하느님을 찬양할 수 있다. 영적 고요 안에서, 그들은 생각과 마음을 관상의 산으로 인도한다. 밤이 되면, 그들은 "땅은 아직 모양을 갖추지 않

고 아무것도 생기지 않았는데, 어둠이 깊은 물 위에 뒤덮여 있었던"(창세기 1:2) 창조의 날을 생각한다. 별들이 나타나기 시작하면, 별의 창조를 떠올리고, 천사들이 하느님을 경배하듯, 그들도 이 세상을 창조하신 하느님께 찬양을 올린다. 다른 이들이 잠들어 무(無)의 세계에 침잠해 있는 동안에도 그들은 하느님 앞에 홀로 깨어 죄를 범하기 전의 아담이 그랬듯이 하느님께 영광을 돌린다. 천둥과 번개가 치면, 그들은 심판의 두려운 날을 생각한다. 맹금류가 울면, 그들은 죽은 자들을 무덤에서 불러 일으키는 나팔 소리를 생각한다. 혜성과 여명이 떠오르면 그들은 '사람의 아들'의 표지인 존귀하고 생명을 주시는 십자가를 떠올린다. 태양의 밝은 빛은 정의의 태양이신 그리스도의 영광스러운 도래를 생각하게 한다. 그리스도를 찬양하기 위해 새벽부터 일어나는 그들은 "구름을 타고 공중으로 들리어 올라가서 주님을 만나게 될"(I 데살로니카 4:17) 성도들이다. 새벽에 잠들어 하느님을 찬양하는 것을 소홀히 하는 사람은 죄인이라고 판단될 사람이다.

내가 이 밤을 보내고자 했던 방법이 대충 이와 같다. 이런 생각을 가지고 나는 죄로 냉랭해진 내 마음을 훈훈하게 만들려고 노력했다. 마음이 조금씩 훈훈해지자, 나는 사랑에 관한 아우구스티누스의 말을 사용하여 기도하였다.

> 당신의 힘으로 내 마음의 딱딱한 껍질을 관통하도록 선택된 호-살이여, 잘 갈린 칼이여, 열망의 침이여, 내 마음을 찌르소서. 그리 하여 내 영혼이 당신께 "당신의 사랑으로 나는 부상당하였나이다. 당신을 향한 사랑으로 부상당하여 나는 밤낮으로 홍수같은 눈물을

쏟나이다."라고 말하게 하소서. 주님이시여, 비나이다. 당신 사랑의 뾰족한 창으로 굳어진 내 영혼을 찌르소서. 당신의 전능하신 힘으로 내 영혼의 가장 깊은 곳까지 파고들어, 나를 영원한 생수의 젖줄에 연결하소서. 내 눈에는 마르지 않는 눈물의 샘을 열어주시고, 한없은 사랑과 당신의 광채를 보려는 열망으로 나를 보호하소서. 그리하여 나의 선하신 신랑이시여, 나의 하느님이시여, 나의 주님이신 내 사랑을 하늘 저 너머에 있는 혼인 방에서 볼 수 있는 자가 되도록, 이생에서는 오직 눈물만 흘리게 하시고 어떤 여흥도 즐기지 않게 하소서. … 당신을 목말라하는 내 영혼의 입을 마름없이 해갈시켜줄 물가로 인도하소서. 아니 오히려, 내 생명이신 나의 하느님이시여, 내 입을 살아있는 샘으로 이끄시어, 맘껏 마시게 하소서. 그 물로 내가 영원히 살겠나이다. 오, 살아있는 샘이신 당신이여, 나의 지성을 당신의 온유함의 장마비로 채우시고, 내 마음을 당신 사랑의 절제된 슬픔으로 취하게 하소서. 그리하여 지상의 찰나적인 대상들을 다 잊고 오직 당신만을 내 기억 속에 간직하게 하소서.

그런 다음 나는 다시 모든 힘을 다해 거룩한 영적 아버지께서 가르쳐 주신 기도를 드렸다. 시간이 얼마나 남았을까? 나는 알 수 없었다. 시계 침은 정지해버리고 영원이 시간을 멈추게 한 순간이었다.

자정은 훨씬 지났다. 나는 저 멀리 희미하게 드러나기 시작하는 수도승들의 오두막들을 가까스로 구별할 수 있었다. 밤꾀꼬리가 일어나 노래하고, '통회의 샘'은 목마른 대지를 흘러 적시고, '거룩한 산의 등대'는 빛을 비추고, '향내 나는 그윽한 백합'

은 온 땅을 그 향기로 채우고, 암자마다 기도 소리가 울리고 참회와 빛 비추임의 눈물로 넘쳐난다. … 수도승들은 그리스도를 찬양하고 하느님의 은총과 넘치는 자비를 빌기 위해 일어난다.

> 예수여, 황홀한 선하심이여, 빛을 넘어서는 빛이시여, 의지와 권능을 하나로 일치시키는 당신께 영광 돌리나이다.
>
> 예수여, 한없이 열망하는 사랑이여, 당신의 전능하심으로 이 세상을 지탱하시니 영광 돌리나이다.
>
> 예수여, 길이요 진리요 생명이신 당신이여, 거룩하고 생명을 주시는 당신 말씀의 진리로 나를 인도하시니 감사드리나이다.
>
> 예수여, 복된 이들의 관상이 이르러야 할 궁극의 대상이여, 우리의 비참한 본성으로 하여금 당신 영광을 볼 수 있게 하시니 감사드리나이다.
>
> 예수여, 모든 빛보다 더 위에 계시는 빛이시여, 고백하오니 나는 죄악의 어둠 속에서 헤매고 있나이다.
>
> 예수여, 최고 재판관이시여, 고백하오니 나는 당신의 그 지극한 사랑에도 감동하지 않았나이다.
>
> 예수여, 지극히 부드럽고 생명을 주시는 온기여, 나의 냉랭함을 데워주소서.
>
> 예수여, 별 빛의 도포여, 나의 벌거벗음을 감싸주소서.
>
> 예수여, 나의 기원이고, 나의 과정이고, 나의 목적이신 이여, 내 마음을 정화하시여 당신을 볼 수 있게 하소서.
>
> 예수여, 만물 안에 만물 위에 계신 나의 하느님이여, 나에게 당신 얼굴을 드러내소서. 내가 구원받겠나이다.

예수여, 지성을 초월한 일자(一者)시여, 지성이 돌아와 기도와 하나 됨으로써 통일된 나 자신을 보여주소서.

예수시여, 무지를 초월한 신비시여, 감각과 지성의 모든 현실을 초월한 곳으로 나를 데려가소서.

예수시여, 하느님의 아들이시여, 나를 불쌍히 여기소서.

이 시간 거룩한 산은 뜨겁게 타오르니, 마귀는 신음하고, 수도승들은 말그대로 신화(神化)에 이르나이다.

거룩한 성만찬 예배

나는 얼마간 계속해서 기도를 드렸다. 세상에서 살고 있는 여러 얼굴들, 형제들, 친구들을 떠올리니 그들을 위해 하느님께 뜨겁게 기도해야할 필요를 느꼈다.

암자의 소성당에서 거룩한 성만찬 예배를 드려야 할 시간임을 누군가 나에게 알려주었다. 오, 거룩한 예배! 이 얼마나 위대한가! 성만찬 예배 전체가 하느님을 이야기 하고(신학) 하느님을 보는 것임을 나는 안다. 성만찬 예배는 진정으로 빠스카(유월절)요, 골고다요, 그리스도의 부활임을 나는 안다. 하지만 이 밤, 나는 그것을 몸소 체험했고 드디어 이해할 수 있게 되었다. 성만찬 예배는 신자들의 삶의 완성임을 배우게 되었다.

> 성만찬 예배는 삶의 완성입니다. 왜냐하면 예배가 드려진 후에는 행복을 얻기 위해 더 요구할 것이 전혀 없기 때문입니다.
> (니꼴라스 까바질라스)

그렇다. 그것은 분명 신자들의 가장 큰 행복이다. 나는 그 곳

에서, 그날 밤, 이를 확연하게 경험했다.

성인들과 성모와 그리스도의 성화 앞에 있는 몇 개의 등잔불만이 성당을 밝히고 있었다. 영적 아버지와 그의 세 제자는 수도승들의 좌석에 미동도 없이 앉아 신비를 경험하고 있었다. 그들은 단지 예배를 따라오는 것이 아니라 오히려 나와 함께 예배를 집전하고 있었다. 수도복의 주름은 마치 성인들의 성화에 그려진 것처럼 부드럽고 아름다웠다. 마치 성인들이 벽에서 내려온 것처럼, 마치 부활이라도 한 것 같았다. 그들의 음성은 가볍고, 희미했으며, 통회로 목이 메어 있었다. 시편 음송은 하느님을 향한 사랑으로 가득 찬 마음에서, 하느님의 사랑으로 상처 입은 영혼 깊은 곳으로부터 흘러 나왔다. 바로 그것으로부터 우리는 세상 사람, 금욕과 참회 안에서 살지 않는 사람을 구별하고 식별할 수 있다.

고백컨대 이 성만찬 예배는 나에게 한 가지 문제를 제기했다. 나는 결코 내 생애에 그와 같은 당황스러움과 또한 그렇게 넘치는 은총을 상상해 보지 못했다. 당황스러웠던 것은 내가 성인들 틈에 끼어 있었기 때문이었다. "모든 이에게 평화."라는 말로 회중을 축복하러 지성소 밖으로 나왔을 때, 나는 사실 하나의 인간으로서 몸 둘 바를 몰랐다. 그들이야말로 평화 그 자체가 아닌가! 평화가 필요한 사람은 바로 나 자신이라고 나는 생각했다. 또 그들에게 "우리 주 예수 그리스도의 은총과 하느님 아버지의 사랑과 성령의 친교가 여러분 모두에게 있으리이다."라는 사도적 축복을 고할 때, 과연 내가 무슨 행동을 하고 있는가하는 의

식이 내게 밀려왔다. 나는 과연 그들에게 은총과 축복을 빌어주고 있었다. 은총으로 가득한 그들에게 말이다. 나는 또한 전적으로 하늘만을 향해 있는 사람들에게 "마음을 드높입시다."라고 말하고 있는 것이 아닌가! 이 말이 적용되어야 할 유일한 사람이 있었다면 그것은 오직 나 자신이었다. 사제 기도문을 읽을 때도 나는 정말 내가 죄인이구나 하고 통감했다.

> 영광의 왕이시여, 육체의 욕망과 쾌락에 속박된 자는 주께 오거나 가까이 나아가거나 예배를 드리기에 합당치 못하나이다.

나는 상상할 수 없는 참회의 감정과 주체하지 못할 눈물과 함께 다음의 기도를 드렸다.

> 그러므로 홀로 선하시고 어지신 주께 간구하오니 죄인이요, 부당한 종인 이 몸을 굽어 살피시고 모든 사악한 생각에서 내 마음과 영혼을 깨끗하게 하시며 주 성령의 권능으로 나를 굳세게 하소서. 그리하여 사제직의 은총을 입은 몸으로 여기 주의 거룩한 제단 앞에 서게 하시며 거룩하고 흠없는 주의 성체와 고귀한 성혈을 축성하게 하소서. 주께 나와 엎드려 간구하오니 주의 얼굴을 내게서 돌리지 마시고 주의 자녀들의 대열에서 나를 내치지 마소서. 죄인이요 부당한 종이오나 주께 감히 이 예물을 드리기에 합당한 자로 여겨 주소서.

하지만 나는 은총을 느꼈다. 내 영혼은 그 은총의 거룩한 현존으로 말미암아 기쁨이 넘쳤다. 은수도승의 지혜로운 가르침과

축복으로 이미 정화되었기에, 내 영혼은 우주의 주인이신 왕의 거처로 온전히 바쳐졌다.

거룩한 영성체 시간이 되었을 때, 나는 감동스런 장면을 경험했다. 금욕을 통해 모든 물질적 속박을 벗어나고 거룩한 빛을 봄으로써 밝게 빛나는 수도승들이 예수를 모시기 위해, 흠 없는 신비체에 참여하기 위해 가까이 나아왔다. 그리스도의 신화시키는 몸의 충만한 은총에 참여함으로써 은총을 받기 위해서 말이다. 기도는 사랑을 증대시키고, 그 사랑은 우리를 사랑의 향연으로 인도하여 하나 되게 한다. 우리가 영성체에 참여할수록, 우리 안에서는 기도의 열망이 증대된다.

> 우리 하느님, 주 예수 그리스도의 거룩하시고 생명을 주시는 성체와 성혈이 하느님 종 … 에게 주어지니, 당신의 죄 사함과 영생이 되어지이다.

그렇다. 그들은 영생을 얻었다.

> 영원한 생명은 곧 참되시고 오직 한분이신 하느님 아버지를 알고 또 아버지께서 보내신 예수 그리스도를 아는 것입니다. (요한 17:3)

이미 은총을 가진 이들 앞에서 성만찬 예배를 집전하고 그리스도를 전해주는 것은 쉬운 일이 아니다. 그리스도는 이미 거기에 현존해 계신다. "본성으로 참 하느님이신 분이 신화된 하느님들과 함께 계신다."

거룩한 영성체를 통하여, 인간 지체들은 '빛의 담지자'가 된다.

하늘 양식을 받아먹을 때, 그 양식이 우리의 몸으로 변화되는 것이 아니라 반대로 '우리의 몸이 그 양식으로 변화된다.' 그리하여 모든 것이 빛이 된다.

거룩한 산의 규칙에 따르면, 거룩한 영성체 후, 사제가 "우리 하느님은 이제와 항상 또 영원히 찬미 받으시도다."라고 영광돌리면, 성가대는 "아멘, 아멘, 아멘. 죄 사함과 영생을 주시는 하느님을 찬미하나이다. 주님, 내 입에 당신 찬미 가득하여, 당신의 영광을 찬양하는 것은 우리로 하여금 당신의 흠없고 불멸하는 신비에 참여케 하셨기 때문이나이다. 우리를 축복하시어 굳세게 하소서. 그리하여 당신의 정의를 실천하게 하소서. 알렐루야, 알렐루야, 알렐루야"하고 노래한다. 그들이 영성체에 참여하는 것은 온종일 그리스도와 함께 살면서 지극히 탐스럽고 부드러운 그 거룩한 이름의 기도를 실천하기 위함이다.

성만찬 예배가 끝나면, 한 수도승이 영성체 감사 기도를 읽는다. 그를 통해 우리는 거룩한 교부들이 지은 영성체 후의 감사 기도라 불리는 여러 개의 기도문을 듣게 된다.

> … 내가 이 성찬을 받음으로써 내 영혼과 몸이 깨끗해지고 나쁜 것을 멀리하고 내 마음의 눈이 떠지고 내 영혼이 평화로워지고 내가 남부끄럽지 않은 믿음을 갖게 되고 꾸밈없는 사랑을 갖게 되고 지혜가 넘치고 당신의 계명을 지키고 신성한 당신의 은총을 받고 당신의 왕국을 상속받을 수 있게 하소서. 그리하여 내가 당신의 축성 속에서 신비로운 성찬의 보호를 받는 자가 되어 언제나 당신의 은총을 기억하고 내 마음대로 살지 않고 임금이시며 구세주이신 당

신이 원하는 대로 살 수 있게 하소서.

또는 수도승들이 특별히 공경하는 지극히 거룩하신 성모님께 드리는 기도를 올린다.

> 참 빛을 낳으신 성모님, 내 마음의 영적인 눈을 밝게 하소서. 불멸의 샘을 흘러넘치게 한 이여, 죄로 인해 죽게 된 나를 살려주소서. 긍휼하신 하느님의 자비로우신 어머니시여, 나를 불쌍히 여기시고 내 마음 속에 참회와 통회, 내 생각 속에 겸손을 주소서. 나로 하여금 마지막 숨을 거두는 날까지 정죄됨이 없이 거룩한 신비체를 받아 모시기에 합당한 사람이 되게 하소서. 나로 하여금 회개와 고백의 눈물을 흘리게 하소서. 그리하여 내 평생 매일같이 당신을 노래하고 영광 돌리게 하소서.

그들은 빛과 생명뿐만 아니라 회개의 눈물에 대해서도 말한다.

거룩한 영성체에 참여하고 나면 영적인 삶도 성장한다. 그리스도는 금욕의 삶을 계속 이어가는데 있어서 꼭 필요하다.

어쨌든 내게는 이 저녁, 암자의 작은 성당이 정교 신앙이었고, 그리스도의 현존의 신비였고, 야곱의 사다리였다. 내 마음 깊은 곳으로부터 "이 얼마나 두려운 곳인가. 여기가 바로 하느님의 집이요, 하늘 문이로구나."(창세기 28:17)라는 외침이 메아리쳤다. 바로 이곳에서 거룩한 수도승들은 영원을 향해 등정하고 영원을 쟁취한다.

하느님께서는 그의 거룩한 은수도승을 통해서 나의 영적 마비

를 치유하셨다. 그런데 주님께서 연못에서 중풍병 환자를 고치셨지만 고침을 받은 사람이 그를 알아보고 경배한 것은 성전에서였던 것처럼, 내가 하느님을 보고 또 그 분을 알아볼 수 있었던 것은 바로 이 성전에서 성만찬 예배를 드릴 때였다. 이 밤은 바로 내가 태어난 날이었다.

> 오 낮보다 더 밝은 밤이여, 오 태양보다 더 기뻐하는 밤이여, 오 눈보다 더 흰 밤이여, 오 번개보다 더 빛나는 밤이여, 오 졸음을 쫓아내는 밤이여, 오 천사들과 함께 깨어있으라고 가르치는 밤이여.
> (아스테리우스)

나는 확실히 말할 수 있다. 거룩한 산에서의 하루가 일년 동안의 연구보다 더 많은 것을 가르쳐준다고. 후미진 암자에서의 하룻밤이 대학의 박사학위보다 더 훌륭한 것이라고. 은수도승과의 그 짧은 대화는 우리가 세상에서 나누는 수많은 한담보다 더욱 귀중한 한 숟가락의 비타민과 같다고.

나는 거룩한 산을 정교 신앙의 방주라고 생각한다. 이곳에서 사람들은 적게 말하고 대신 충만하게 살아간다. 그곳은 세상과 천상의 경계이다.

> 세상과 천상의 경계에 있는 아토스는 덕의 산실이다.
> (성 그레고리오스 팔라마스)

그곳은 정교 세계의 녹색 초원이다. 수도승 한 사람 한 사람은 세속화된 우리 신앙에 대한 무언의 반박이요, 따라서 귀중한 원

천이다. 바로 이곳에 정교 신앙을 다시 한번 돌이키고 되살아나게 할 가능성이 존재한다. 그래서 이 거룩한 산은 교회와 세상에서 살아가는 사람들에게 많은 것을 제공한다. 은수도승 한 사람은 또 하나의 요나이다. 그들은 요나처럼 다르시스(광야)로 도망쳤고, '바다 물고기'(하느님의 은총)에 의해 큰 도시 니느웨(세상)로 인도되었고, 니느웨 백성들에게 참회하고 하느님께 돌아오라고 선포한다.

"주님, 저희가 여기에서 지내면 얼마나 좋겠습니까! 괜찮으시다면 제가 여기에 초막 셋을 짓겠습니다." 하지만 이곳에 나의 초막은 없다. 왜냐하면 영적 아버지가 나에게 전해준 기도의 보물을 내가 받았으니, 이제 세상으로 달려 내려가 이 기도의 능력으로 '세상을 폭격하고' 이 거룩한 산이 소유하고 있는 이 위대한 보물을 그리스의 가장 작은 마을까지 두루 선포해야 하기 때문이다. 과거의 찬란한 유물도 아니고, 금박으로 짠 장식도 아니고, 화려한 고급 양장을 한 고문서도 아닌 오히려 이 모든 것을 가능하게 했던 힘의 원천인 '은총으로 충만한 기도'라는 보물을 선포해야 하기 때문이다.

다볼산에서 하산

날이 밝자 마자, 나는 산에서 바다로, 성령의 산에서 세상의 바다로 내려가기 위해 아버지의 축복을 청하고자 했다. 영적 아버지는 딱딱한 빵과 그 외의 간단한 생필품을 구하기 위해 손노동일을 하시면서도 끊임없이 기도하셨다. 그 모습은 너무나 고요하고 평화로웠다.

"아버지 축복해주십시오." 그의 손에 입 맞추기 위해 허리를 숙이면서 나는 말했다.

"모든 것이 잘 되길 바랍니다. 내 영적 아들이여, 성모님께서 신부님과 함께하시길 빕니다. 거룩한 삼위일체 하느님께서 신부님께 힘을 주시길 빕니다. 주님께서 당신의 영혼과 마음을 모든 악과 원수의 모든 계교와 공포스러운 모든 상상으로부터 지켜주시길 빕니다. 주님께서 당신의 빛, 당신의 보호자, 당신의 길, 당신의 힘, 당신의 화관, 당신의 영원한 도움이 되어주시길 빕니다. 스스로를 잘 살피십시오. 예수기도가 결코 헤어질 수 없는 동반자가 되길 빕니다. 하느님께서 신부님을 불쌍히 여기시길 빕니다."

수도승들의 기도는 생명으로 충만하다. 그 기도들은 예지력있는 마음에서 나온다.

"아버지, 모든 것을 감사드립니다. 나를 위해, 또 나의 친구들을 위해, 나의 영적 자녀들을 위해, 나의 부모님들을 위해 기도해 주십시오. 거룩한 레위인이여, 기도해주십시오. 온 세상을 위해 기도해 주십시오. 하늘과 가장 가까운 곳에 계시니까요. 아버지, 기도해주십시오. 당신은 모든 인류의 가장 귀한 분이십니다. 기도해주십시오. 당신은 거룩한 산의 보물창고에 보존된 정교회의 말로 다할 수 없는 보물이십니다. 우리 죄인들을 위해 기도해 주십시오. 당신은 광야에서 높이 올려졌던 구리뱀입니다. 죄의 독사들에게 물린 우리 죄인들은 당신을 쳐다보고 구원받습니다. 당신은 기도의 자세로 산 위에서 팔을 벌리고 서있는 우리의 모세입니다. 반면 우리는 저 아래 벌판에서 적들을 물리칩니다. 그러니 그 팔을 내리지 마십시오. 적들의 힘이, 사탄의 힘이 우리를 짓뭉갤까 두렵습니다. 아버지, 기도해주십시오."

"하느님께서 나를 또한 불쌍히 여기시길 빕니다. 내 영적 아들이여."

"축복해주십시오."

"주님께서 강복하시길. 다시 오길 기다리겠습니다."

여섯 날개를 가진 세라핌처럼, 화염으로 타오르는 엘리야 예언자처럼, 나는 배를 타기 위해 산에서 바닷가로 내려왔다. 나의 두뇌는 자기 일을 멈추고, 나의 이성은 움직이지 않고, 오직 내

마음만 뜨거웠다. 나는 날아가듯 산을 내려갔다. 거룩한 산의 교부들중 가장 훌륭한 분 중의 하나인 성 니코데모스가 수도형제들을 위해 지은 기도문을 노래했다.

> 복된 아버지들이여, 누가 당신들의 무용담을 이야기할까? 누가 금욕 수행에서 이룩한 당신들의 공훈을 노래할 수 있을까? 지성의 소박함을? 기도의 연속성을? 덕을 향한 양심의 고통스런 순교를? 타버린 육체를? 정념과의 투쟁을? 밤새어 깨어있음을? 마르지 않는 눈물을? 교만의 굴복을? 악마들에 대한 승리를? 은사를? … 오, 하느님을 목말라하는 성인들의 축복받은 공동체여! 성령의 벌집처럼 거룩한 산의 동굴과 웅덩이 속에서 헤지키아의 달콤한 꿀을 만들어내는 하느님의 선택받은 벌통이여! 삼위일체 하느님의 온유함이여, 성모님의 유모들이여, 아토스의 자랑이여, 우주의 자존심이여! 우리 영혼을 불쌍히 여기시도록 주님 곁에서 중보하주소서.

우리 주 예수 그리스도, 하느님의 아들이시여, 당신의 성인들의 기도를 통하여 죄인인 나를 불쌍히 여기소서.

지극히 거룩하신 성모님이시여, 우리를 구원하소서.

저자 후기

지금 나는 거룩한 삼위일체 하느님께 지극한 감사와 찬양을 드린다. 하느님께서는 나의 눈을 열어주셨고, 나를 '덕의 산실'인 이 거룩한 산과 영적으로 관계를 맺도록 도와주셨고, 하느님-인간의 삶을 사는 성화된 이들을 알게 하셨기 때문이다. "그들은 지상에서 살지만 하늘나라의 시민들이다." 그들을 알게 되고, 그들과 대화하고, 그들의 충고를 경청하면서, 나는 도덕주의와 열매 없는 경건을 넘어서는 또 다른 차원의 영적 삶을 발견했다. 나는 성령의 자유함과 나의 구원의 역동성을 알게 되었다. 나는 그리스도인의 사명이 무엇인지 깊이 깨닫게 되었다.

나는 또한 나로 하여금 거룩한 산에서 나누었던 이 대화를 기록할 수 있도록 해주신 하느님의 은총에 감사드린다. 분명, 나의 이 글은 이 대화를 거룩하고 '생명을 주는' 것으로 만들기에는 턱없이 부족함을 알고 있다. 그러기에는 나의 어휘는 너무 빈약하고 적절치 못할 때가 많았다. 그럼에도 불구하고, 독자들은 지금까지 제시된 몇 가지 요소로부터 이 거룩한 대화가 나에게 어

떤 참회의 열매를 맺게 했는지 간파할 수 있으리라.

이 글의 여러 사상을 통해서 어떤 이들은 비록 방식은 조금 다를지 몰라도 분명 도움을 받을 수 있으리라 믿는다. 이 글을 쓸 때 수많은 사탄의 공격 받았지만 나는 희망 안에 굳게 서 있었다. 사탄은 항상 내 곁에서 나를 멈추게 하려 했다. 하지만 하느님의 은총의 도우심은 내가 이 글을 끝맺을 수 있도록 도우셨다.

모든 그리스도인들은 우리의 구원이 가능함을 알고 있다. 우리 구원의 가능성은 우리가 '하느님의 형상대로' 창조되었다는 사실, 이 '하느님의 형상', 즉 사람이 되신 하느님, 예수께서 여전히 우리와 함께 하신다는 사실에 기초한다. 수많은 정교 신학자들은 사람이 되신 하느님 예수께서는 인간 본성이 제기하는 모든 문제의 해결책이 되신다는 진리를 강조한다. 그리스도론은 우리의 인간론의 바탕이다. 이단을 척결할 때, 교부들은 인간에 대한 증오심이 아니라 인간에 대한 사랑으로 그렇게 한 것이다. 사람이 되신 하느님에 관한 가르침을 변개함 없이 보존하기 위해 투쟁할 때 그들은 인간을 구원하기 위해 그렇게 했다. 이단들의 오류로 인해, 특별히 사람이 되신 하느님의 위격과 관련된 이단들로 인해 우리는 우리 구원의 가능성을 완전히 잃어버릴 뻔했기 때문이다. 정교 신앙의 가르침에 따르면, "사람이 되신 하느님의 위격 안에서 완전한 하느님과 완전한 인간, 참 하느님과 참 인간이 확고하게, 분리됨 없이, 변화 없이 연합되었다." 우리에게 신화(神化)의 가능성과 희망을 주는 것은 바로 이 두 본성의 연합이다. 사람이 되신 하느님 예수는 동정녀 마리아에게서 취한 인간 본성을 신화시키셨고 영화롭게 하셨다. 이제 남은 것은 구원을 바라는 모든 이들을 신화시키는 것이다. 그런데 이 신화는 사람이 되신 하느님과 연합하고 '예수 그리스도 안에서' 살려는 모든 사람 각자의 회개와 노력을 통해 오는 것임에 틀림없다. 정화는 빛 비추임, 그리스도와의 연합을 가져온다.

> 정화되는 사람은 빛 비추임을 받을 것이니 첫째가 없으면 둘째도 없기 때문이다. (신학자 성 그레고리오스)

게다가 하느님이신 말씀의 거룩한 육화의 목적이 바로 이것이다. 육화한 것은 하느님의 본성이 아니라, 하느님이신 말씀의 위격이다.

> 말씀이 육화되시었다. 그것은 교부들에 따르면 육신이 말씀이 되도록 하기 위함이다. (금욕가 마르코스)

'사람이 되신 하느님'은 인간을 구원하시길, 오래전 타락해버린 형상을 다시 드높이시길 원하신다. 그렇다. 사람은 이제 '사람이 되신 하느님' 그리스도를 통해서 '하느님 같은 사람'이 될 수 있다. 하느님이신 말씀이 경륜을 통해 사람이 되신 것처럼, 사람은 은총을 통하여 하느님이 될 수 있다. 그리스도의 탄생 축일에 우리는 습관적으로 '사람이 되신 하느님'의 탄생으로 발생한 도덕적 열매인, 평화, 사랑, 겸손 등을 강조한다. 하지만 이 모든 것은 인간의 본성이 하느님의 본성과 연합될 때만 가능한 것이다. 성탄 축일은 평화와 은총과 기쁨을 낳는다. '사람이 되신 하느님', 해방자, 예수가 나셨기 때문이다. 우리의 기쁨은 "한 구세주가 우리에게 나셨다."는 사실로부터 온다. 그렇다. '사람이 되신 하느님'께서 태어나셨다. 예수는 우리 구원의 예고자가 아니다. 예수는 구원 그 자체이다. 예수는 강요에 못 이겨 지구에 왔다가 곧 떠나버린 방문객이 아니라, 세상의 새 창조이고 집약이다. 우리는 아담의 옛 나무로 인해 병들게 되었지만, 예수는 인간 본성에 새 생명을 주는 거룩하고 새로운 나무이다. 그러므로 예수는 우리에게 생명을 전해주고, 우리는 참 감람나무가 될 수 있다.

'사람이 되신 하느님' 밖에서는 구원이 있을 수 없고, 오직 소외와 비인간화만 존재한다. 그리스도 안에서 살지 않는 사람은 하느님과 자기 자신과 이웃들에게 낯선 이방인일 뿐이고, 또한 하느님도 그에게 낯선 분이요 알지 못하는 분이 되고 만다. 그런 사람은 마치 짐승 같고 거칠다. 성 막시모스에 따르면,

> 하느님과 분리된 지성은 거칠어서, 쾌락의 친구일 뿐이고, 짐승과 같아서, 인간의 적이 된다.

타자(이웃)는 그에게 기쁨이 아니라 지옥이다. 그래서 '하느님 같은 사람'은커녕 타락하고 부패하여 마귀가 되거나 묵시록의 짐승의 형상이 되거나, 악마가 될 뿐이다. 그로부터 우리 본성과는 거리가 먼 하나의 상황, 무(無)의 심연이 온다. '사람이 되신 하느님'으로부터 멀어진 사람은 '신비성사의 신학자' 까바질라

스가 말한 대로 마치 '존재하지 않음', '무'라는 말로 특징지어질 수 있다. '그리스도를 따라 존재'하지 못하기 때문이다. 오직 '사람이 되신 하느님'을 따라 사는 자라야 참된 인간이다. 그러므로 각 사람은 '하느님 같은 사람'이 될 수도 있고 반대로 '짐승 같은 사람'이 될 수도 있다고 우리는 말할 수 있다. 역사의 궁극적 결말이 그러하다.

우리는 그리스도가 되어야 하고, 하느님이신 말씀이 되어야 한다. 바로 그러한 사건이 우리가 교회 안에서 신비롭고 거룩한 성사에 참여하며 살아갈 때 일어난다.

> 교회는 거룩한 신비의 성사로 표현된다. 그것은 그저 상징이 아니다. 몸의 모든 지체가 심장에서 그 주된 의미를 찾고, 나무의 모든 가지가 그 뿌리에서 의미를 찾듯이 말이다. 주님의 표현에 따르면 포도원의 포도덩굴과 같다. (니꼴라스 까바질라스)

이 열매는 예수의 이름을 쉬지 않고 반복하는 것을 통해서, 또 "우리 주 예수 그리스도, 하느님의 아들이시여, 죄인인 나를 불쌍히 여기소서."라는 예수기도의 암송을 통해서, 특별히 이 기도가 거룩한 성만찬 예배와 밀접하게 결합되어 이루어질 때 얻어진다. 이 짧은 기도문 안에 거룩한 우리 정교회의 모든 신학이 감추어져 있다. 그렇기 때문에 우리는 예수라는 지극히 달콤한 이름을 끊임없이 기억해야 한다. 기도는 수도승들만을 위해 있는 것이 아니다. 물론 그들은 한결같이 이 기도와 사는 것이 가능하다. 하지만 죄인인 우리들도 이 기도를 드릴 수 있다. 이 기

도를 위해 하루에 단 한 시간이라도 바치자. 처음에는 아침에 십 분, 저녁에 십 분, 가능한 한 조용하게 이 기도를 드릴 수 있도록 해보자. 아주 짧은 시간이라도 이 기도를 위해 시간을 할애하고 고정시켜서 절대 범하지 않는 것은 아주 중요하다. 시간이 지남에 따라, 기도에 바쳐지는 시간은 늘어날 것이다. 영혼과 입술은 점점 더 부드러워질 것이다. 또한 길을 갈 때도 이 기도를 드리자. 잠자기 직전에 가능하다면 한 시간 정도 이 기도에 바치자. 부부가 혹은 가족 전체가 아침 저녁으로 단 몇 분이라도 이 기도를 같이 드릴 수 있다. 한 사람은 조용하고 평화로운 목소리로 기도문을 말하고, 다른 사람은 들으며 기도에 참여한다. 그러면 크나큰 은총이 집에 임하게 될 것이다. 많은 부부들과 가족들이 이런 기도 모임을 가져서 정말 놀라운 기적들을 체험했다. 이 기도 안에서 더 깊어지고 진보하기를 원하는 사람은 경험이 많은 안내자를 필요로 한다. 동시에 우리의 삶을 그리스도의 계명에 합당하도록 해야 한다. 그리스도의 위격은 그의 사역과 가르침과 분리될 수 없기 때문이다. 이 계명을 실천하면, 우리는 그분의 은총과 거룩한 삼위일체 하느님을 모시게 될 것이다. "계명을 받고 이를 순종하는 사람은 신비스럽게 거룩한 삼위일체 하느님을 소유한다."고 성 막시모스가 말하지 않았던가.

나의 형제인 독자들이여, 이 책을 읽어주시니 참으로 감사하다. 부디 이 대화를 기록한 나를 위해서도 기도해 주시길 바란다. 내가 참으로 회개하여 우리 하느님의 은총을 받을 수 있도록, 내가 '사람이 되신 하느님' 안에서 살아가도록, 내가 교회 안에서 살아가도록, 내가 '하느님 같은 사람'의 삶을 살도록 기도해 주시길 바란다. 진심으로 부탁드린다.

아토스 성산에서의
수도생활

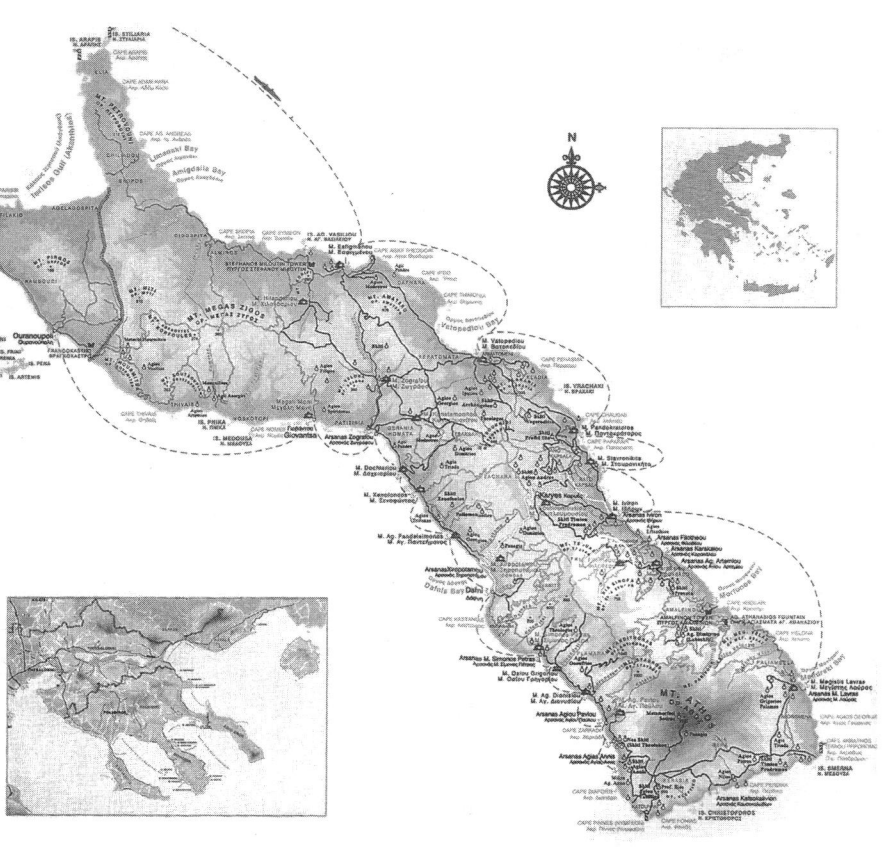

시모노페트라 수도원

대(大) 라브라 수도원

판도크라토로스 수도원

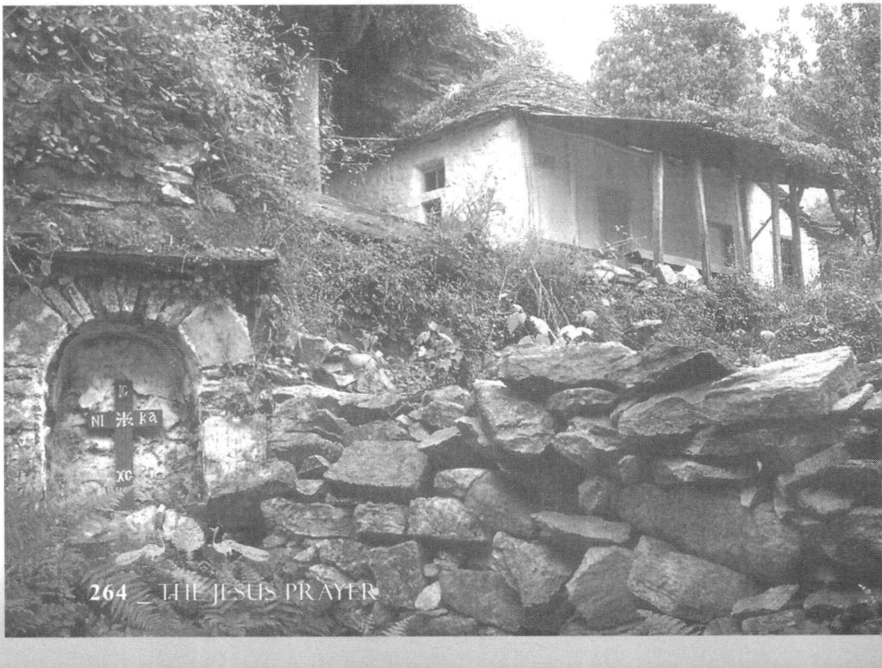

264 — THE JESUS PRAYER

예수기도 _ 265

268 _ THE JESUS PRAYER

예수기도 _ 269

270 _ THE JESUS PRAYER

272 _ THE JESUS PRAYER

예수기도 _ 273

예수기도 _ 285